チーム力を高める
ホームヘルパー育成ハンドブック

京都福祉サービス協会
編集委員会 編

ミネルヴァ書房

はじめに

　本書は，ホームヘルパー育成のための入門編とも言える『必携 訪問介護ハンドブック』（ミネルヴァ書房，2008年）を，さらにステップ・アップさせた中級編となります。

　在宅介護の「柱」となる訪問介護のチームケアを束ねるサービス提供責任者等が，スーパーバイザーの役割で言うところの「教育的役割」「支持的役割」を果たし，どのようにチーム作りを行い，チーム力を高め，現場で即戦力となるチームを作り上げていけばよいかのノウハウをまとめたものです。

　チームをレベルアップさせるため，当法人も設立以来迷いながら，試行錯誤を繰り返し，現場に役に立つさまざまな研修や演習を企画実施してきました。

　本書ではこれまでの経験則から，全体をゆるやかな3つのカテゴリーに分けて編集し，多くの事業所で利用していただけるように考えてみました。

　① チームケアの基盤となるもの：倫理（人格）の資質を高めること
　② チームケアの対人援助技術を高めるもの：事例からの学び方や演習方法
　③ チームケアの専門的知識の習得：法令への理解や記録等の習得方法

さらに，研修・会議そのものの開催留意点もまとめました。

　サービス提供責任者の置かれている状況は，事業所の規模や所属するヘルパーの人数，さらに地域性や利用者数，また自身の経験などによってさまざまですが，本書を参考に，アレンジ力を身につけ，自身のチームに生かせるように編集したつもりです。

　サービス提供責任者の数だけチームがあり，さまざまな個性があると思います。本書を元に，チーム色を活かした研修・会議が開かれることを切に願っています。

社会福祉法人京都福祉サービス協会

目　次

はじめに

第1章　業務への姿勢と倫理教育

① ホームヘルパーの専門性について……2
② 組織人として……6
③ 基本姿勢と服務の指導……10
④ プライバシーの保護について……14
⑤ 利用者との距離のとりかた……20

第2章　必要なマナーと守るべき法令

① 身だしなみとマナーが大切な理由……26
② 電話を架ける，電話を受ける……32
③ 諸規則の遵守……36
④ 金銭の扱い……42
⑤ 法令遵守……46

第3章　「自己覚知」で相手を理解する

① 自己開示の方法……52
② コミュニケーションのプロセス……58
③ 相互アドバイスからの「自己覚知」……62
④ リーダー自身が互いに育つために……66
⑤ 人権について……70

第4章　対人援助技術の訓練

① 相手に好印象を与える秘訣……76
② 対人関係を円滑に進める技術……82
③ 利用者の自立支援を促す……88
④ 他事業所とのいい関係をつくる……92
⑤ チーム内の感情的なもつれをほぐす……98

第5章　事例研究の進め方

① ハーバード式事例研究とは……107
② インシデント・プロセス法とは……116

第6章　チームのリーダーとしての実務

① 記録について……128
② カンファレンスの進め方……135
③ ヘルパー会議……139
④ ヘルパー交流会……143
⑤ ホームヘルパーに必要な研修……145

第7章　サービス提供責任者Q&A

Q1　利用者に対し好き嫌いで接するホームヘルパーへの対応……150
Q2　モチベーションの維持に必要な対応……151
Q3　交代の申し出への対応……152
Q4　落ち込んでいるホームヘルパーへの声かけ……153
Q5　ホームヘルパー間のいさかいへの対応……154
Q6　注意すると謝るが行動がともなわないホームヘルパーへの対応……155
Q7　なんでも相談してくるホームヘルパーへの対応……156

Q8 サービス提供責任者への反発①……157
Q9 利用者と密着しすぎるホームヘルパーへの対応……158
Q10 サービス提供責任者への反発②……159
Q11 相談相手がいない……160
Q12 忙しすぎてあせってばかりで達成感がない……161
Q13 サービス提供責任者としての自信がない……162
Q14 チーム作りの極意とは……163
Q15 チームのホームヘルパーが誰も相談してくれない……164
Q16 前のサービス提供責任者と比べられる……165
Q17 ケアマネジャーと考え方が合わない……166
Q18 チームのまとめかた……167
Q19 スーパービジョンについて知りたい……168
Q20 今後求められることは何か……169

引用参考文献……170
おわりに……171

「互学共育」のための7か条
一人ひとりが仕事をチームで分かち合い，成長を実感できるように

お互いの対話を増やす
　誰もが，チーム，組織の中で，個人（1個の人格）として受け止めてもらっている，仕事上溜まっているものをすべて受けとめてもらい，共有することができると実感できるように1対1の対話を大切にする。コミュニケーションの量が，相手との信頼関係の質（絆）を高めると心得ること。

感情を大切に扱う
　相手の「ことば」から出てくる感情については，なるべく共感・相互理解したいと思っていることを伝えること。特に，否定的な感情（悲しみ，怒り，つらい気持ち等）は適切に受け止め，早期に自己処理できるように共感的にサポートすること。

メッセージを見逃さない
　コミュニケーション（言語・非言語）の中には，相手のメッセージ（伝えたい思い，考え等）が一杯隠れている。メッセージを大切にすることが，互いの理解を深め合う大きなポイントになる。育ちあう関係には，メッセージを察すること，気づくこと，そして相手を思いやることが大切である。

自己開示をためらわない
　自分の経験則（失敗例，成功例，仕事上体験した思い等）や物事のとらえ方，抱えている感情を外部（自分以外）に話すことをためらわない。心をできるだけオープンにすること。ただし，話しすぎないこと。話しすぎると，話（主旨，目的，テーマ，内容等）がすり変わってしまう場合がある。

経過（プロセス）を評価する
　「できる，できない」，「できた」ことに焦点をあてるのでなく，相手の「頑張っていること」を理解し評価する（ほめる）。そして「期待」して（支援し見守っている）いることを伝える。相手を，治そうとするのではなく，わかろうとすること（人間理解）が基本である。

言葉が響きあう関係をめざす
　仕事上のコミュニケーションには，ソーシャル・リレーション（社会的役割関係）とパーソナル・リレーション（感情交流）の2面があるが，特に，感情交流を普段の対話で行うことで，言葉が響きあう関係ができてくる。（自分の）言葉使いは（相手への）心使いであることを心得ること。

教えることで学びを確実にする
　知識，技術，倫理・価値（哲学），経験則は相手（外部＝自分以外）に伝えて初めて習得できることを心得る。教えることは，自己の学習効果（学び＝資質，専門性）をあげるには最も有効である。
　「教えることで学びを確実にする」ことの根本の意味は，「人は人に関わることによって成長する」ということである。人との関わりを控えたり，拒んだりすると自己の人間的成長が停滞すると心得ること。

（社会福祉法人　京都福祉サービス協会）

第1章

業務への姿勢と倫理教育

　介護保険で利用できる在宅サービスの主軸になるのが「ホームヘルプサービス」です。ホームヘルパーが利用者の自宅に訪問して，食事や入浴，排泄などの介助や，日常生活の手助けを行います。このホームヘルパーをまとめ，介護のプロチームに育てるのがサービス提供責任者の仕事です。その育成の基本となるのは以下の2点です。
　① 業務への取り組み方の姿勢を正しく認識してもらうこと
　② ホームヘルパーとしての倫理観教育を徹底すること
　ホームヘルパーは男女の性別，年齢を問わない仕事ですが，生活実感を持つ女性が，子育てを終え，第二の仕事として取り組む職業として，魅力ある仕事とされています。事実，主婦として培った家事能力を発揮できる場も数多くあります。それだけに，今までの生活経験だけでホームヘルパーになれると，新人は思いがちです。
　この仕事が「単なる家事代行業」ではないことを，まず，しっかりと理解してもらうための実践的な方法をまとめました。

1 ホームヘルパーの専門性について

「わたしはヘルパーである」という感覚・自覚を持つために

ヘルパー業務は，その社会的な重要性を認知され，現在では専門職として位置づけられています。

「専門職として身につけなければならないものはどのようなことか」

「ホームヘルパーが普段自覚しなければいけないことは何か」を問いかけ，考え，振り返ります。

繰り返し研修を実施することや，仲間と話し合うことを通じ，「倫理観」を高めていくことにつなげていきます。

1年に一度は振り返り，「倫理観」を高めるために定期的な研修として全ヘルパーに対して実施する。

1回の研修の人数は，グループワーク1組を5〜6名と考え，最高6組程度が望ましい。

【準備物】
・事例のプリント（人数分）
・グループワーク用
　話し合うポイントを記載したもの（人数分）
　提出用（グループに1枚）

【タイムスケジュール】（2時間程度　休憩を含む）
① 主旨の説明　　　10分
② 事例の提示　　　15分
③ グループワーク　40分
④ 発表　　　　　　15分
⑤ まとめ　　　　　20分

第1章　業務への姿勢と倫理教育

1　あなたならどう考えますか──専門職とは

実際の苦情・クレームなど，今所属する事業所で問題となっていることがらを事例としてとりあげましょう。

事例1：ホームヘルパーが利用者に自分の価値観を押し付けること

車イス生活をしているAさんは，愛用の座布団を車イスの座面に敷いている。最近，腰痛を訴えるAさんに対して，訪問の度にホームヘルパーが「その座布団が腰痛の原因ではないですか？　他の利用者さんが使っているものですが，とても良いと聞いてますのでどうですか」と，新素材のクッションを勧めた。

また，「評判の良い整骨院を知ってますので，一度行ってみたら」と，その整骨院の場所や電話番号を書いた用紙を渡したりした。ヘルパーサービスを初めて利用したAさんは，ホームヘルパーからの度重なるアドバイスは受け入れなければならないと思ってしまい，クッションを購入，その整骨院にも通院した。

事例2：ホームヘルパーの専門職意識の薄れ

① ホームヘルパーの何気ない口癖を利用者が聞いて仕事が頼みづらくなった。
- 買物から帰ってきて「あー，重たかった」
- 掃除機をかけ終わり「あー，しんど」
- 仕事が終わり利用者の前に来て「どっこいしょ！」
- 体位変換時に思わず「よいしょ」と声が出てしまった
- 真夏日の仕事時，思わず「暑いなぁ」と言ったら，利用者がすぐ扇風機をヘルパーに向けてくれた

② 利用者の家が散らかっていて，衣類など片付けても次の訪問日にはぐちゃぐちゃになっている。ヘルパーが自分の家で使わなくなった衣装ケースがあるので，要らないか利用者に尋ねると，欲し

いと言われたので，後日，夫の車で持って行った。

事例3：過度な感情移入

利用者：「今度入院することになったんや」

ヘルパー：「それは大変ですね」

利用者：「わたしは身寄りもないし，誰も世話してくれる人がないねん」

ヘルパー：「……」

利用者：「入院していつ死んでもいいように身の回りのことは整理してあるんやけど……。歳をとるということは寂しいもんやなあ。入院中も誰も来てくれへんし……」

ヘルパー：「そんなことありませんよ。わたしは○○さん帰ってきてくれはるの待ってますし。よかったら病院にも顔出しますし」

利用者：「へーーほんま？　嬉しいわぁ。洗濯やらどうしよう思てたんや。家の中も放ったらかしになるし，庭の水やりも気になるしな」

ヘルパー：「わたしでよかったら……。その代わり早く元気になってくださいね」

利用者：「うれしいわ。こんな優しいこというてくれて……」

2　ヘルパーとして，問題と捉えられるのはどんな事柄でしょう？

5～6人程度のグループに分かれます。普段あまり一緒に仕事をしていない者同士のほうが，さまざまな意見が聞けて良いでしょう。前述の1～3の事例よりいくつか選んで話し合いましょう。4グループあれば，1事例につき2つのグループで話し合われることになり，自分のグループ以外の意見も聞くことができます。

司会者，記録者，発表者をあらかじめ決めて，すすめていきましょう。

どの事例についても次の3つの観点から話し合ってみてください。

① ヘルパーとして何が問題なのでしょう？

② その言動はヘルパーのどのような想いから出てきたものでしょうか？

③ 専門職として関わる場合，どのような対応をすればよかったでしょうか？

3 孤立しがちなヘルパーの倫理観を高めるために

　まとめはできる限り，発表者（ヘルパー）の意見を元に，それぞれの考え方やプロセスを大切に行ってください。
　自分の意見を取り入れてもらえることは，自信となり，今後の研修での意見の活発化や，活動において積極性を引き出すきっかけとなります。

「人を育てること」は「個人を尊重すること」です。

ヘルパーに職業倫理が強く問われるのは，次の理由などからです。

> ① ヘルパー業務は，利用者の「いのち」「くらし」「生き方（ライフスタイル）」を守ることが基本にあるということ
> ② それを広くとらえると，ヘルパーには国民の生活権（人権）を擁護する役割を持つということ
> ③ ヘルパーは利用者の価値観（生き方・考え方）に影響を与えうるということ

　以上の専門性を理解できているかを問うと同時に，どうしたら「倫理観」を高められるのかまとめましょう。
　在宅でヘルパーが仕事をしている時，施設のように普段から第三者の目にさらされていません。そのため，つい気が緩みがちになってしまうこともあります。だからこそ，自分で自分を戒め振り返ることが必要になってきます。
　常に「ヘルパーとは」ということを仲間のヘルパーやサービス提供責任者と話し合うことが大切です。また悩みを共有して，信頼関係をもって業務を行える仲間をもつことが必要です。

 組織人として

所属している組織の理念を知っていますか？

社会人として最低限のマナーを前提にし，組織人として職員・ヘルパー仲間と職業人（プロ）として倫理観や専門性を高めあう関係づくりを率先していくために，個人ではなく組織の看板を背負ったホームヘルパーとしての仕事のあり方を考えます。また組織に愛着を持ち（帰属意識），組織の発展に関することについて，主体的・積極的に取り組むことを考えてみましょう。

1年に一度は振り返り，「倫理観」を高めるために定期的な研修として全ホームヘルパーに対して実施する。

1回の研修の人数は，グループワーク1組を5～6名と考え，最高6組程度が望ましい。

【準備物】
・事例のプリント（人数分）
・グループワーク用
  話し合うポイントを記載したもの（人数分）
  提出用（開催の記録として残せる様式）（グループに1枚）
・まとめの資料 〈ヘルパー綱領〉（人数分）

【タイムスケジュール】（2時間程度　休憩を含む）
① 主旨の説明　　10分
② 事例の提示　　15分
③ グループワーク　40分
④ 発表　　　　　15分
⑤ まとめ　　　　20分

第1章　業務への姿勢と倫理教育

1　自己満足になっていませんか？

事例について話し合ってみましょう。

事例1：ヘルパーの都合を優先した

ケアマネジャーから，ヘルパー活動時間に訪問したがホームヘルパーが来ていないと連絡があり，担当ヘルパーに連絡すると「今日は用事があったのでお昼からに変更してもらっています」といわれた。

事例2：利用者への想いが強い

1時間半の生活援助ではやり残してしまうこともたくさんあり，利用者の生活を思うとつい「もっとやってあげたい」と思うことがしばしばあります。

事例3：家族の問題につい口を出してしまった

利用者から「うちの嫁は何もしてくれない」「息子が来てくれないのは嫁のせいだ」といつも愚痴を聞かされています。たまたま訪問された息子さんに，ホームヘルパーは直接「お母さんが寂しがっておられますよ。もっと来てあげてくださいね」と言ってしまいました。

2　組織が求めるホームヘルパー像とは

5～6人程度のグループに分かれます。普段あまり一緒に仕事をしていない者同士のほうが様々な意見が聞けてよいでしょう。

司会者，記録者，発表者をあらかじめ決めて，すすめていきましょう。

① 組織の理念をみんなで読み上げ（唱和）し，再確認してみましょう。
② 事例1～3について，ホームヘルパーとしてどこが問題だったのでしょうか。
③ 理念のもとに利用者の立場に立って考えてみましょう（以下の点について考えてみましょう）。

7

- もし，あなたの家族がホームヘルパーを利用することになったら，どんなホームヘルパーに来てもらいたいですか。
- ホームヘルパーに絶対してほしくないことは何ですか。
- どのような態度で本人や家族に接してほしいと思いますか。

3　ヘルパー綱領を作成しましょう

　例として本法人の「職員・ヘルパー綱領」を表1-1に示します。

　所属の組織のホームヘルパーが「一人の利用者に対して組織内の担当者が情報・悩みを共有し，信頼関係をもって，一体的に業務が行えているか」という点において，サービス提供責任者は常に点検・確認してみる必要があります。

　とりわけ，直行直帰型で業務を行っている場合は，ヘルパー自身が組織人である前に「利用者対ホームヘルパー」といった個人的な関係になってしまったり，ともすれば，利用者とホームヘルパーの関係を超えて感情移入することもあります。そして，それが利用者にとっても良いことであると勝手に推測をしたり，一方的にホームヘルパーが感情を押し付けている状態であることがよくあります。

　一対一の関係は，他からの情報が入らず，思考が広がっていきません。仲間のホームヘルパー，サービス提供責任者との意見交換や，ケアマネジャーを通じて，他職種からの情報が伝わることで視野が広がり，客観的な見方・考え方ができるようになります。

　ケアカンファレンスや事例研究などの積極的な開催で，ホームヘルパーの社会性を育てましょう。

表1-1 社会福祉法人京都福祉サービス協会職員・ヘルパー綱領

【福祉サービスの考え方（サービス指針）】──すべてのご利用者に「くらしに笑顔と安心を！」

ご利用者の権利擁護	職員・ヘルパーは，福祉サービスを提供することによって，ご利用者の日常生活が安心して過ごせるようにサポートします。
ご利用者の自立支援	職員・ヘルパーは，福祉サービスを提供し，ご利用者の主体性を促すことによって，生活意欲・生活能力，生活条件を引き出し，それらが生かせるように働きかけていきます。
ご利用者の生活の質（QOL）の向上	職員・ヘルパーは，福祉サービスを提供することによって，ご利用者が日常生活において大切にしているこだわりやライフスタイルを尊重します。
ご利用者のプライバシー保護	職員・ヘルパーは，職務上知りえた個人情報について固く守り，ご利用者のプライバシーを保護します。
地域福祉の推進	職員・ヘルパーは，ご利用者に提供されるサービスの質が向上するように，関係マンパワーとの連携や地域のインフォーマル資源などと協調しチームケアを推進していきます。

【職員・ヘルパーの意識と行動指針】──すべての職員・ヘルパーが，信じあい・支えあい・高めあう仲間に！

（1）職員・ヘルパーの意識

社会福祉・法人・福祉事業志向	職員・ヘルパーは，組織人として熱意と使命感をもって業務にあたります。
ご利用者の人権志向	職員・ヘルパーは，高い倫理性に基づき業務に精励し，ご利用者の人権を尊重します。
専門職（プロ意識）志向	職員・ヘルパーは，職業人として自らの資質を高めることに努めます。
フィールド（仕事の領域）における目標志向	職員・ヘルパーは，与えられたフィールドにおいて目標をもって業務にあたります。
職員・ヘルパー（仲間）同士・チームメンバー同士の連帯志向	職員・ヘルパーは，仲間やチームとのつながりを大切にします。

（2）職員・ヘルパーの行動指針

「より身近に」	職員・ヘルパーは，ご利用者にとってのより良き相談役となるために，「誠実な対応」「迅速な対応」「柔軟な対応」「的確な対応」に常に心がけていきます。
「より確実に」	職員・ヘルパーは，ケアプランに基づき計画的にサービス提供し，サービスの社会的責任，継続性を担保します。
「より安心して」	職員・ヘルパーは，ご利用者の自己決定（意向）が反映された質の高い専門的サービスを提供し，サービスの個別性の尊重を重視します。
「より組織的に」	職員・ヘルパーは，関係マンパワーと積極的に力を合わせることによりチームケアをすすめ，サービス提供には細心の注意を払い，その都度個別に創意工夫を行います。

③ 基本姿勢と服務の指導
組織の一員として「目的」「理念」を伝える

組織には，必ずその組織が発足した目的（組織が存在することの意味），経営・運営をしていく上での指針や規範を示した理念が存在します。これをチームに伝え，現場の活動に生かすことができなければ，単に「言葉の羅列」にしか過ぎません。また，想定外のトラブルにであった時，マニュアルに照らしても答えが見出せず，判断に迷うことも多いものです。そんなときにも「戻るべき原点」「判断基準のよりどころ」となるのが，組織の「目的や理念」です。

理想的には，チームのひとりひとりがマニュアルがなくても組織の目的や理念に基づいて，「どう対応すればよいか」を判断できる力を持つことです。これをチームの活動に引き寄せ，目的や理念をわかりやすく身に付けるために，事業所内で楽しみながら，事業所の方針と綱領にもとづいた「標語募集のキャンペーン」を開催してみましょう。

ヘルパーの資質の向上，服務態度の向上のために全ホームヘルパー向き。申し送り時，研修会，カンファレンスなど，あらゆる機会を生かす。

> **準備物**
> ・趣旨をまとめた募集用紙（人数分）
> ・標語を記入してもらう記入欄入りの用紙（人数分）
> ・各賞と商品（図書券・ギフト券など）
> 　期間は1か月くらいが適当。各賞や記念品も魅力ですが，このポイントは募集後の整理，発表の方法にあります。事務所内でポスターにする，事業所の機関紙に載せるなど，ヘルパーが達成感を感じるようにすることが大切です。

第1章　業務への姿勢と倫理教育

1　「あのひとことで，元気をもらいました」キャンペーン！

事業所の理念等を踏まえた上で，標語を募集します。
① 募集
- 季節に応じた標語
- 活動場面，対人援助のヒントになるひとこと
- 日ごろ「うれしかったこと」「感動したこと」への作文

② 選考

小さな事業所の場合は，責任者や無記名にての投票。大きな事業所の場合は，同時に他の事業所と連携してキャンペーンを行い，共に競い，励ましあえたという事後の達成感を感じてもらうのが望ましい。

③ 発表

フォーマルな場での評価が大切です。朝礼時，申し送り時，事業所内の掲示板や社内報，また利用者への機関紙などにも発表の場を設けましょう。たとえば，事業所の月間予定表で「ひとこと」を提示して，ホームヘルパーのやる気を高めます。

また，機関紙に掲載したり，休憩室などに色紙に書いて飾るのもよいでしょう。以下に紹介するのは私たち法人が20周年を迎えたとき，募集した文集の中の俳句や短歌の一部です。

「顔を寄せ　おなじ話を聞きながら　車イス押し　通院介助」
「天職と　思い難き日もあれど
バイクで走る　我はヘルパー」
「おおきにと　微笑むあなたの京ことば
素直に聞けぬも　キャリアなのか」
安心と　思える活動　心がけ
介護して　笑顔に出会う　福祉かな
この仕事　できる幸せ　かみしめて

2 ホームヘルパーの現場感覚に沿ったわかりやすさ, ヒントになる言葉

標語の例を示します。
- あせらない, 押し付けない, とりあえず誠意をもって待つ
- よい介護の基本は「笑顔の介護」
- 「ありがとう」そのひとことで疲れがとびます
- 「してあげる」から共に生き, 共に学びあう心へ
- 他人ごとでなく, 自分のこととして感じる心
- ご利用者の健康管理の前に自己管理はできていますか?
- できないこと探しから, できること探しの活動
- 押し付けていませんか? 自己決定を尊重していますか?
- 量の活動から, 質(QOL)の活動へ
- 温かい心と冷たい頭
- 活動は理想と現実のバランスシートを考えて
- 確認しましょう, 相手の生活ペース, 生活リズム, 生活サイクル
- 信頼関係はまず, 受け入れることから

3 ホームヘルパーの重要性をヘルパー自身が知る, 感じることの大切さ

ヘルパー業務に関して, 一般の人たちの知識はまだまだ低く, もっともっと理解して欲しいことがたくさんあります。
国の評価(介護報酬)をみても, 財政調整の視点で労働評価をされているきらいがあり, それが「ホームヘルパーは続けたいのに, 続けられない」という現実も生んでいます。ホームヘルパーの存在の重さを認めて欲しい, 多くのホームヘルパーのご利用者への働きかけと笑顔が, 高齢者や障害者等の日々の生活を支え, 生活の質を高めていることを, 多くの人たちに理解して欲しいものです。

今後さまざまな，社会的な働きかけや，介護を必要とする超高齢社会の本格的幕開けなどを通じて，ホームヘルパーの労働環境はますます厳しいものになりつつありますが，そんな時代を迎えて，ホームヘルパー自身の技術研鑽とともに，仕事への取り組みスピリット（精神）や業務姿勢がますます問われることになるでしょう。

　服務姿勢・基本的なマナーが必要なのはホームヘルパーに限りません。

　どのような職場でも守るべき事がらがあります。しかしとりわけ，個人の私生活そのものに関わるヘルパーに課せられるさまざまな守秘義務は，ホームヘルパー自身が誇りを持って，業務にあたっているかどうかが大きなポイントになります。自身の仕事への意義を考える機会が必要です。

　現場から生まれた「ひとこと」をチームで共有して，ひとりではないことを体感してもらうこが必要です。

　また，その後の展開として，以下のようにしてあらゆる機会を通じて，聞く・見る・読むことをくり返すようにしましょう。

- 朝夕の申し送り時，組織の理念等を唱和する
- スケジュール表にヘルパー推薦のその月の目標・標語を書く
- ロッカールームや休憩室の掲示板を利用する
- ステッカーシートを作り，バイク等に貼る

　「言わされている，覚えさせられている」これがきっかけでも，やがて，身体になじみ，何かの折に冷静な判断の指針となるにちがいありません。身につくとは，そういうことだと思うのです。

4　プライバシーの保護について

「プライバシーを侵害されたくないという気持ち」あなたもわたしも同じです

ヘルパー業務は社会的な重要性が認知され，専門職として位置づけられています。それぞれ人は，かけがえのない人生を送っています。その人生に影響を与えうる役割として，利用者の利益を第一に考えて，言葉・態度などに配慮していかなければなりません。日々の積み重ねが信頼に繋がります。そのひとつがプライバシー・秘密を守ることです。

ここでは，ホームヘルパーが在宅という1対1の関係の中で陥ってしまう失敗から学んでみます。

1年に一度は振り返り，「倫理観」を高めるために定期的な研修として全ホームヘルパーに対して実施する。

1回の研修の人数は，グループワーク1組を5～6名考え，最高6組程度が望ましい。

> 準備物
> ・事例のプリント（人数分）
> ・グループワーク用
> 　話し合うポイントを記載したもの（人数分）
> 　提出用（グループに1枚）
>
> タイムスケジュール（2時間程度　休憩を含む）
> ①　主旨の説明　　　10分
> ②　事例の提示　　　15分
> ③　グループワーク　40分
> ④　発表　　　　　　15分
> ⑤　まとめ　　　　　20分

1 プライバシーにもいろいろ。それぞれ違います

事例1：他のホームヘルパーのプライバシーについて

利用者：月曜日のヘルパーさん，どこに住んではるのか知ってるか？

ヘルパー：ああ，○○さんですね。○○スーパーの横のマンションに住んではるらしいですけど，どうかされましたか？

利用者：あの人の作ってくれる料理はあんまり口にあわへんねん

ヘルパー：そうですか。でも○○さんのところは，小学生のお子さんがいるって聞いているし，毎日お料理作っていると思うのですけど……

利用者：ああそうか。○○さんのところは一緒に住んでいる年寄りは居ないのかなあ

ヘルパー：いや，ご主人のお父さんも一緒に暮らしているって聞いたことありますけど

利用者：だったら，なんで年寄り向きの料理が上手でないんやろう……

事例2：他の利用者のプライバシーについて

利用者：いつもわがままばっかり言ってごめんなぁ

ヘルパー：いいえ，そんなこと全然ないですよ。○○さんのところなんて本当に仕事しやすいですよ。それに比べて火曜日に行っているところなんて，家の中は汚れているし，時間一杯までヘルパーを使わないと損と思ってるみたいで，次から次に用事を言わはるし，きついですよ

利用者：そうか，大変なところに行ってるんやなぁ。どの辺に住んではる人なんや？

ヘルパー：□□スーパーの近くなんですけどね……

利用者：ああ，もしかして××さんのところか。そう言えば前のヘルパーさんも同じようなこと言ってたわ。アンタあそこに行ってるんか，がんばりや

事例3：ヘルパー自身のプライバシー

利用者：ヘルパーさんとこ，子どもさん大きいの？

ヘルパー：中学3年生と，その上に高校1年生，3年生の3人です

利用者：3人か，にぎやかでええなあ

ヘルパー：大変ですよ。今年高校へ入学したんやけど，私学やったんで入学金やら制服やらでお金いっぺんに使ってしまって。来年また大学と高校の入学があるし……

利用者：そやけど，ご主人ええとこ勤めたはるのと違うの？

ヘルパー：それが転勤になって単身赴任してるんで，生活費が高くつくんです。ヘルパーの給料はなかなか上らないし……

利用者：……

2　相手の立場になって考えてみましょう

　　5～6人程度のグループに分かれます。普段あまり一緒に仕事をしていない者同士のほうが，さまざまな意見が聞けて良いでしょう。前述の1～3の事例よりいくつか選んで話し合いましょう。

4グループあれば1事例につき2つのグループで話し合われることになり，自分のグループ以外の意見も聞くことができます。

　司会者，記録者，発表者をあらかじめ決めてから進めましょう。グループワークに慣れていないなどなかなか役割が決まらない場合，あるいはいつも同じ人が役に当たる場合など，こんな決め方もあります。

① 進行係が「グループワークを始めるのでまず自己紹介から始めてください」と言って，「最初に自己紹介された方，本日の司会お願いします。その右隣の方が記録，その右隣の方発表お願いします」と決めていく。

② 「自己紹介の口火を切った方」を,「今月の誕生日の方」など,その時々で変えてみるのも方法です。

次の観点から話し合ってみてください。

① ホームヘルパーの言動で何が問題でしょう?
② ホームヘルパーの言動により利用者や周囲にどんな影響がでてくるでしょう?
③ あなた自身にこんな経験はありませんか?

3 プライバシーを保護するとは,その人を大切に思うこと

発表において,ルール違反をしてしまった経験談がでてくる場合もあります。活動の大変さ,コミュニケーションのとり方の難しさにおいて,共感しながらコメントしましょう。

1対1の関係において,ヘルパーは利用者と信頼関係を確立しようとするあまり,行き過ぎた言動をとってしまうことがあります。また馴れ合いになってしまい,適当な距離を保つことができなくなってきます。

利用者に信頼されるホームヘルパーとは,決して「何でもしてくれる,何でも話してくれるホームヘルパー」ではありません。他の利用者の話をするということは,利用者にとって「わたしのことも他で話をされているのかしら」と不安になるものです。秘密保持の原則は3つあります。

① 当然の秘密:人に知られると利用者の評判を傷つけるもの
② 約束の秘密:打ち明けられた秘密は他人にもらさないと約束したもの
③ 信頼の秘密:「利用者の承諾なしには他人に伝達されることはない」と暗黙のうちに仮定されているもの

利用者から知り得た情報は，必要な関係者以外には絶対にもらさないということです。また，逆に「利用者が知られたくないことを無理に聞こうとしない」ということも大切な視点だと思います。

ホームヘルパーのトイレ事情
──コンビニ・スーパー派，公共施設派

　「生理現象」といえばそれまでですが，訪問時に利用者宅のトイレをできるだけ借用しないように，訪問前にトイレを済ませておきたいものです。かつて，スチュワーデスに膀胱炎が多いとの記事に，華やかな大空のホステスも大変なのだと思いましたが，地味なホームヘルパーだって，この問題は大変なのです。

　次の訪問先までの間に移動時間を除いて，休憩・トイレタイムを考慮した訪問のローテーションを組むのも，サービス提供責任者の調整業務のひとつでしょう。事務所を出ると数時間，あるいは半日戻れない，そんなとき，休憩・トイレをどうするかは，ホームヘルパーにとって悩みの種です。

　最近ではコンビニでもトイレを貸してくれるところが多くなりました。「でも，何か買わないと，悪い気がして，ペットボトルとか買ってしまう」これが人情というものでしょう。

　さて，ホームヘルパーに評判がよいトイレは，以下のようなところです。

① 大きなショッピングセンター：ただし，バイク置き場の近い店
② コンビニ：ただし，ちょっとした物を買う覚悟
③ 図書館など公共の施設：ただし，慣れるまで少し勇気が必要
④ 観光トイレ：ただし，バイク置き場があれば
⑤ 総合病院のトイレ：ただし，利用者に出会うおそれあり

　以前はファーストフード店で，安いコーヒーを飲みつつ，休憩をかねてトイレ・休憩タイムが人気でしたが，最近は路面店には駐輪場がなく，利用できなくなったという，声もありました。ユニークなところでは，ガソリンスタンド。いつも，同じところで給油するので，気軽に利用していますということでした。

　チームや事務所でトイレマップを作って，情報を交換しているチームもあります。深刻な課題を，ユーモアを加えてマップにまで昇華させるというのは，いいアイデアですね。

 # 5 利用者との距離のとりかた
「近くて遠い」利用者とホームヘルパーの関係

利用者の自宅へ訪問し、買物・調理・掃除・洗濯など生活援助のほか、入浴や排泄など、さまざまな介護援助も行う訪問サービスは、互いに信頼関係がなければなりたちません。しかし、同時にホームヘルパーは利用者の親族ではなく、あくまでも第三者として冷静な判断やアドバイス、言動を心がけねばなりません。このロールプレイの目的は、ホームヘルパーがいかに対応すべきか、考えながら話すことを学ぶ一例です。

ホームヘルパーの研修用に。1組3～5名でひとつの組と考え、20～30名（6組程度以内）で。

```
準備物
・事例のプリント（人数分）
・観察者のチェックシート（グループに1枚）
・提出用（グループに1枚）
タイムスケジュール（1時間30分程度）
 ① 主旨の説明                                    5分
 ② ロールプレイ（利用者役，ホームヘルパー役，観察者数名）  30分
 ③ グループワーク（司会者，発表者を決める）          30分
 ④ 発表（難しいこと，学んだこと，その他）            20分
 ⑤ まとめ                                       5分
   ＊グループワークのすすみぐあいで休憩時間を調整します
```

第1章　業務への姿勢と倫理教育

1　利用者を不快にさせずに，ホームヘルパーを理解してもらう難しさ

　一人暮らしのAさんは，ホームヘルパーの訪問を毎回心待ちにしてくださいます。ホームヘルパーも気持ちよく仕事をしながら，季節の食べ物や花々，テレビの人気番組など話が弾みます。
　そんなAさんから，「いつもお世話になっているし，何が良いのかわからないので，好きなものでも買ってください」と，商品券を渡されました。
　このように直接的な贈り物だけでなく，以下のように利用者から厚意を受けたとき，どのようにしていますか？
- 活動の終了を見計らったようにお茶とお菓子が出る
- ひとりでは食べ切れないのでと，食べ物を差し出される
- 庭の花木を飾ってと，切り花をプレゼントされる

　上記の事例を元に，下記のように役の設定を決めて，ロールプレイしてください。
　　① 利用者役：ただ，感謝の気持ちを表したいだけの立場
　　② ヘルパー役：あくまでも仕事，利用者の気持ちを考えて厚意を断る立場
　③ 観察者：チェックシート（下記参照）をみながら，二人のやり取りを観察する

　観察者は，次のようなチェックポイントでチェックすると共に，上手な言い回し，よくない言い訳など，メモして，グループワークで話し合いましょう。

> **チェックポイント**
> ☐ 断るタイミングはよかったですか？
> ☐ あいまいな言葉で断りませんでしたか？
> ☐ 自分側（事業所）のことを理由に断りましたか？
> ☐ 相手（利用者）のせいにして断りませんでしたか？
> ☐ 理由を示して納得していただきましたか？
> ☐ 言葉はソフトでやさしく，ていねいでしたか？
> ☐ 今後も良好な関係は続きそうですか？
> ☐ なぜ，利用者は厚意を示すのでしょうか？

2　どうしても断りきれない場合，どうしますか？

　観察者のチェックポイントをもとに，ご厚意にどのように応えるか，難しさを話し合いましょう。また，事例のほか，さまざまな現場での体験談を話し合い，課題を共有しましょう。

　その上で，以下の要点でまとめます。現場での伝え方，言葉づかいは代わっても，事業所の方針，ヘルパーとしてさまざまなご厚意をなぜ断るのか，この原則を再度，確認しましょう。司会者・筆記と発表者を決めて話し合いましょう。みんなで注意すべきことを確認できます。

> **利用者への断り方**
> ①　こんな事例がありました
>
> ．．
>
> ．．
>
> ②　利用者への断り方で有効な言い方にはどんなものがあるでしょうか
>
> ．．
>
> ．．

③ どうしても，断れなかった場合はどうしますか

　

　

　

④ その他

　

　

　

3　優しさも親切も経営の商品と割り切れないからこそ……

　「心のこもった温かい気持ちで接すること」「自然に気を配れること」「相手を不快にせず，安心感を与えること」が，ホームヘルパーとしての「接遇」の基本です。そうすることで，利用者との信頼関係が深まり，ホームヘルパーの訪問を待ちわびてくださるようになります。

　その一方で，利用者から厚意をうけて，その断り方に困るといった事例がよくあります。「みずくさい」「たいしたものでない」「黙っていればわからない」「受取ってほしい」という利用者との押し問答になることも多いのです。しかたなく利用者より物品を受け取り，報告を受けた担当のサービス提供責任者が即刻，利用者に返しに行った例も少なくありません。

　厚意に対して，最も忘れてはいけないことは，利用者がそのような行動をとった背景に目を向けて，よく観察する視点です。たとえば，「いつも良くしてもらっているから」という言葉の背景には，以下のようなものがある可能性があります。

- これからも，良くしてほしい
- 特別に思ってほしい，一生懸命活動してほしい
- これだけ厚意を示しているのだから，もっとしてほしい

● これくらいしておけば，少々無理もいいだろう

　厚意を示す背景には，さまざまな利用者の思いがあります。永年の生活歴から生まれる信条や習慣，その人らしい生き方の「すべ」も，厚意に現れることがあるのです。

　入浴介助後，いつも担当のホームヘルパーに冷たい飲み物を出す利用者がいました。毎回同じことの繰り返しなので，ホームヘルパーより担当のサービス提供責任者から話をして欲しいということがありました。

　利用者にお話をうかがうと「お茶を出してはいけない，そういわれていますが，自分だけがお風呂に入れてもらい，お茶を飲むのはどうしても心苦しい。『持っていますから』そうヘルパーさんはおっしゃるけれど，私の前で飲んだ

ためしがない。本当に持参しているのなら，目の前で飲んで欲しい。そうしたら，私も遠慮なく自分のお茶を飲めます」といわれました。

　ヘルパーの活動に厚意を暗に求めるような行動や言動はなかったか，誤解されるような話題を選んで話さなかったかなど，自分の活動を振り返り，利用者にプレッシャーを与えなかったか，考えてみることも必要です。

第2章

必要なマナーと守るべき法令

　ユニフォームを決めている事業所もありますが，私たちの法人では，装いについてはゆるやかなルールがあるのみです。身分証明書は必ず持ち歩くこと，法人より支給したエプロンを着用すること。このエプロンのデザインは同じですが，色がさまざまで，ホームヘルパーは自分の好きな色を選べる仕組みになっています。

　「できるだけ，いつものように，いままでのように」利用者の生活にさりげなく，入らせてもらえるようにとの考え方があるからです。とはいえ，ホームヘルパーとして身に付けるべきマナー，あるいはエチケットについては，季節ごとに喚起して，利用者に失礼のないように注意しています。

　また，仕事としてホームヘルパーになったからには，守らねばならない法の遵守や仕事上のルールについて，厳しくホームヘルパーに申しわたすことも少なくありません。

　講義や研修という一方通行の話より，現場での状況を再現したロールプレイ方式や，話し合うことで発見のあるグループワーク方式を取り入れたほうが，ホームヘルパーに分かりやすく，心に残るよりよい方法であることを踏まえて，紹介します。

1 身だしなみとマナーが大切な理由

マナーは利用者への気持ちの伝達力。効果的な気遣いのノウハウ

身だしなみやマナーの大切さは，どのような仕事にもいえることです。ここでは，ホームヘルパーとしての視点からこの普遍的なテーマを取り上げ，具体的に学ぶ中で，福祉のプロとして伝達力の大切さを学んでいきます。

特に，言葉かけについて，学ぶべきことは多く，利用者・ご家族・チームメンバーとのコミュニケーションにポイントを置いてまとめます。

① 的を得た「言葉」，思いやりのある「声かけ」
② 笑顔を絶やさない「表情」
③ そして最後に的確な「動作」

この３つが業務場面で相手に影響を与えます。介護者の心を言葉や表情，動作を通じて伝達していくには，どうすればよいのでしょうか。思いやる心を介助のテクニックに生かすことはできるのでしょうか？

ヘルパーの初期教育と共に，１年に一度は振り返える研修テーマとして。ロールプレイは，利用者役，ヘルパー役の２名とチェックする人の３名１組。５～６組で，全員で20名程度が望ましい。

準備物
・ヘルパー業務自己点検票（表２−１）（人数分）

タイムスケジュール（１時間30分程度　休憩を含む）
① 主旨の説明　　　　　　10分
② 例題の提案と話し合い　40分
③ 過程の振り返り　　　　20分
　＊ロールプレイで行う場合は，②③合わせて40分
④ 発表（感想を含む）　　10分
⑤ まとめ　　　　　　　　10分

第2章　必要なマナーと守るべき法令

1　自己点検票でプロ意識を再確認してもらう

演習　「ヘルパー業務自己点検票」をまず配布し，この研修が一般的なマナー研修より，一歩進んだ介護職としての資質を問うものであることを知ってもらいます。この票にはハードルの高い質問がジャンルごとにされています。かなりホームヘルパー間に自己評価の差が生じることでしょう。

　この研修の狙いは，さまざまな現場での対応にホームヘルパーが臆することなく，柔軟に対応しながらも，心をつかんだ生きた伝達力を身につけられるようになることです。

2　あなたなら，どのように応えますか

例題　自己点検が終わったところで，いったんこれをおき，「あいまい言葉」「マイナス言葉」の例を示し，思いやりのある言葉，安心できる言葉かけを実際にさがして，話し合ってもらいます。

　①　ご利用者が掃除をしているヘルパーに言いました。
「ヘルパーさん，冷蔵庫の中にあるきゅうりの漬物を切ってほしいのやけど」
×「後からしておきますのでね」……ヘルパーさん本当に切ってくれるのやろか？
○「後10分ほどしたらさせていただきますね」
具体的に，いつできるか申し出る事が大切です。
　②　ご利用者がタオルを探しています
　「あれっ，湯上りのピンクのタオルはどこ？」
×「いつものところにおいてますよ」……いつものとこて，どこのことやろ？
○「いつものベッドの横の棚におきましたよ」。

表2-1 ヘルパー業務自己点検票

項目	内容	自己評価	自覚していること
サービスマナー	訪問先で，笑顔で元気よく挨拶ができていますか	○ △ ×	
	清潔な服装・身だしなみを心がけていますか	○ △ ×	
	待ち合わせや訪問日時など，約束時間を守っていますか	○ △ ×	
	ご利用者に対して適切な言葉使いができていますか	○ △ ×	
知識技術	業務に必要な知識・技術を身につけていますか	○ △ ×	
	知識・技術向上のため，日々努めていますか	○ △ ×	
	介護保険や自立支援法，措置など制度の理解ができていますか	○ △ ×	
	他事業者などの事業内容や役割を理解していますか	○ △ ×	
家事援助技術	ご利用者のお金を預かる際，きちんと管理ができていますか	○ △ ×	
	ご利用者の価値観に合わせた家事（生活）援助ができていますか	○ △ ×	
	一人一人の生活に合わせた家事（生活）援助ができていますか	○ △ ×	
	公私の区別をして活動が行えていますか	○ △ ×	
介護援助技術	残存能力を生かした援助ができていますか	○ △ ×	
	無理のない介護を行なっていますか	○ △ ×	
	ご利用者に適した声かけができていますか	○ △ ×	
	ご利用者の身体状況の把握に努めていますか	○ △ ×	
記　録	訪問するたびに，その日のうちに記入できていますか	○ △ ×	
	簡潔・客観的に記入できていますか	○ △ ×	
	表現に留意していますか（人権／プライバシーなど）	○ △ ×	
	カード等の提出物の提出期限を守っていますか	○ △ ×	
	サービス（業務）内容を正確に記入できていますか	○ △ ×	
報告連絡	時間変更の連絡を担当者に報告していますか	○ △ ×	
	サービス内容の変更を担当者に報告していますか	○ △ ×	
	訪問不在・拒否の場合，事務所に連絡していますか	○ △ ×	
	ご利用者の身体状況の変化を報告していますか	○ △ ×	
	活動中に事故があった時，連絡していますか	○ △ ×	
リスク管理	事故予防に努めていますか	○ △ ×	
業務姿勢	時間内に業務が終了できるよう努力をしていますか	○ △ ×	
	守秘義務を守っていますか	○ △ ×	
	個人情報（書類等）の取り扱いに注意していますか	○ △ ×	
	自分のペースだけで業務を進めていませんか	○ △ ×	
	日々，目標を持って（計画に沿って）業務に取り組んでいますか	○ △ ×	
	自分自身の体調管理ができていますか	○ △ ×	

利用者に分るように，イメージできるように伝える。

③　そろそろ訪問予定終了時間です

「悪いけど2合ほど炊飯器にセットして」

×「もう5分しかないんですけど」……ちょっとのことなのに，いけずやなぁ

○「まだ5分ありますからだいじょうぶかな？」

もう，まだ，表現の違いで5分の印象が違います。いつも，プラス思考で応対します。

④　少食のご利用者さん，なかなか風邪がなおりません

「もう，いいわ，欲しくないし，食べられない」

×「そんなことだから，治らないのよ」……私の体や，ほっといて，えらそうにいわんといて

○「もうひとくち，大丈夫，必ずお元気になりますよ」

否定的な声かけをせず，利用者の心や身体に向き合って，心づかいをする。意図的に意欲を引き出す，これがプロです。

演習

良い声かけ，こんな事例，こんな場合など，話し合ってもらいます。5～6人程度の小さなグループのほうが，ひとりの発言の機会も多く，盛り上がります。上記の会話はその一例です。

現場でどのような会話があったか，経験も共有できます。

司会者，記録者，まとめの発表者をあらかじめ決めてもらいましょう。

3 あたりまえのマナーを振り返るシートです

まとめ

話し合う中で,何気なく声かけしていた言葉が
「ご利用者を気づかっていなかったかも知れない」
「こう言えばよかった,そうすればよかった」
「そんな感じ方,ことばのとりかた(解釈)があるのだ」
「自分の気持ちを伝えることのむずかしさ,相手の言葉に託された本当の思い」
など,ホームヘルパーが感じとることができればよいでしょう。

同時に発表時,困った体験や返事の方法がリーダーに問われることもあるでしょう。まとめの中では,その体験や困ってしまうヘルパーの気持ちにまず,共感する姿勢が大切です。

まとめ役のリーダーはサービス提供責任者であることが多く,経験も多いことでしょう。経験の多いホームヘルパーは,経験の浅いホームヘルパーに対して「なんだこのくらいのこと,私もそんなことがあったなぁ」と,ついつい話の表面だけを聞いて「大丈夫,平気平気。慣れるから,がんばって」と励ましだけに終わりがちですが,困っているホームヘルパーの思いを聞く姿勢をもちましょう。課題をかかえるホームヘルパーは,話すきっかけを探していただけで,その裏に,思いがけないさまざまな悩みがあることも多いのです。

最後に最初の業務自己点検票を見直します。最初にチェックしたときには素直に振り返れなかった項目も,素直に受け入れられる自分自身に気づいてもらえれば,この研修は成功です。

ホームヘルパーの守秘義務
　　——家庭の話題にしていませんか？

　「ああ，よかった。私たちの家族は幸せよ，○○さんなんだけどね……」
　仕事を終えて，ほっとしたくつろぎタイム，ふと家族に利用者の話をしていませんか？　世の中には，こんな大変な方がいる，なのにこんなにがんばっているなど，ついつい家族に話して，共感して欲しくなることもあると思います。
　ヘルパーには守秘義務があります。この守秘義務は，たとえ辞めても同じように生きています。言い切れば，この仕事で知ったこと，見たこと，聞いたことは，第三者には一生涯話さないと言うことなのです。
　気持ちをわかってほしい，知ってほしいのは，いいことばかりではないはずです。特に嫌なことは，感情を裸でぶつけられる家族に，「聞いて，聞いて」とぐちのひとつもこぼしたくなるものです。
　介護するのも人間なら，介護される方も人間，人間と人間が介護を通じて出会うのですから，感情のこじれや行き違いが生まれるのも，仕方のないことでしょう。しかし何を見ても言わない，聞かないではヘルパー自身の心がくじけます。同じ仕事をしている仲間の大切さがここにあるわけですが，家族にもこっそり話したくなる気持ちもわからないではありません。
　家族には，折を見てはっきりと「自分には守秘義務があり，そういう仕事なのだ」と話すことも大事。だから，自分（ヘルパー）を守る意味からも，この話はここだけ，家族だけの秘密であることも話しましょう。それでも実名を語ることは，避けましょう。今度は，人として利用者に対するエチケットを破っていることを忘れてはなりません。誰でも，自分のことは自分のいない場で他人に話してほしくないものです。

② 電話を架ける，電話を受ける

1本の電話で好感を与える場合もあれば，こじれて収拾がつかなくなることも

目的　事業所での電話対応は「ビジネスマナー」の基本中の基本です。事業所を経由せず，自宅から直行・直帰で業務を行うホームヘルパーにとっては，携帯電話やFAX・留守番機能のある電話は，業務の必須アイテムとまで，言われるようになりました。ここでは，現場のホームヘルパーが架ける電話，受ける電話を想定して，電話のマナーの基本を学びます。

対象　ヘルパーの研修用に。グループ3名でひとつの組と考え，20～30名（10組程度以内）で。

準備物
- 下記の例題のプリント（人数分）
  事業所に架ける
  利用者の家族に架ける（利用者宅から）
  利用者に頼まれて○○に架ける
  事業所から受ける電話
  その他の受ける電話

タイムスケジュール（1時間程度）
① 主旨の説明　　　　　　　　　　10分
② ロールプレイ・グループワーク　40分
　　架ける人・受ける人・観察する人の3名が一つのグループ
③ まとめ　　　　　　　　　　　　10分
＊グループワークのすすみぐあいで休憩を調整します

1　例題をもとに，対応の方法を考えます

例題1：事業所に架ける
① ○月○日，休みたい
② 利用者の体調が悪い。発熱されていて，咳が強い
③ 訪問したが，留守の様子

例題2：利用者の家族に架ける
④ 娘に用事があるから，架けてと頼まれた
⑤ 利用者の体調が悪い。発熱されていて，咳が強い

例題3：利用者に頼まれて○○に架ける
⑥ 近くの米屋に注文してほしいと利用者に頼まれる

例題4：事業所から受ける電話
⑦ ○月○日，仕事を依頼したい
⑧ △△さんの様子が知りたい

例題5：その他の受ける電話
⑨ 活動中に利用者宅の電話が鳴った

　それぞれ，架ける人・受ける人，その会話を観察する人の役を交代しながら，電話の架け方，受け方，ヘルパーとしての注意点を学びます。

2　今，ヘルパーとしてできることは何かを，把握する

例題1：事業所に架ける

> ① ○月○日，休みたい
> □自分自身を名乗りましたか？
> □相手の名前を確認しましたか？
> □用件を的確に伝えましたか？
> □確認のため，再架電すべきか尋ねましたか

② 利用者の体調が悪い。発熱されていて，咳が強い
☐自分自身を名乗りましたか？
☐相手の名前を確認しましたか？
☐利用者の不調を的確に伝えましたか？
☐事業所の対応者に何をすべきか指示をもらいましたか？
☐確認のため，再架電すべきかたずねましたか？
③ 訪問したが，留守の様子
☐自分自身を名乗りましたか？
☐相手の名前を確認しましたか？
☐用件を的確に伝えましたか？
☐確認のため，再架電すべきか尋ねましたか

例題2：利用者の家族に架ける

④ 娘に用事があるから，架けてと頼まれた
⑤ 利用者の体調が悪い。発熱されていて咳が強い
☐自分を名乗り，なぜ電話したか簡素に語りましたか？
☐ていねいな言葉で利用者に代わりましたか？

例題3：利用者に頼まれて○○に架ける

⑥ 近くの米屋に注文してほしいと利用者に頼まれる
☐自分を名乗り，なぜ電話したか簡素に語りましたか？
☐注文品がいつ届くか？　金額は？　など詳しく聞き取ったことを利用者に伝えましたか？（メモして渡すことも有効）

例題4：事業所からの電話を受ける

⑦ ○月○日，仕事を依頼したい
☐スケジュール表を見てチェックしましたか
☐曜日，時間の復唱をしましたか
⑧ △△さんの様子が知りたい
☐何が知りたいのか，確認しましたか
☐その情報に，推測・憶測など，見たこと以外の要素がありませんか

例題5：その他の受ける電話

> ⑨ 活動中に利用者宅の電話が鳴った
> □代わって電話に出るのかどうか，利用者に聞きましたか（セールスなど，高齢者が独居であることを伝えない方が良い場合もあります）
> □活動中のホームヘルパーへの事業所からの連絡の場合，緊急性がなければ，何時頃架電すると伝え，速やかに電話を終えましょう。

携帯電話を利用しているホームヘルパーは，活動時はマナーモード，留守番電話機能を利用しましょう。活動後，受電があったか，調べましょう。

3 ホームヘルパーからの事業所へのクレームを紹介する

まとめ 架ける役，受ける役，それを観察し，チェックする役を通じて，電話の基本を再確認できます。特に，ホームヘルパーにはメモを取ることを勧めましょう。5W1Hは，伝言につきものです。迅速な行動が求められるだけに，あいまいな表現や，不確かな情報が独り歩きしないようにしましょう。

最後に，サービス担当責任者や事業所に寄せられる，現場ヘルパーからのクレームの代表的なものを紹介します。チームをまとめる上で，反省すべきことを，認めて互いにより深く理解したいものです。

> **現場ヘルパーから事業所やサービス担当責任者に寄せられる，苦情やクレームの代表的なもの**
> ・相談しても聞いてもらえない，理解してもらえない
> ・言葉が威圧的で相談できない，言葉づかいが悪い
> ・相談してもなかなか対応してくれない，時間がかかる
> ・サービス提供責任者が，利用者の状況やヘルパーの活動状況を把握してくれない（適切なアドバイスがもらえない）
> ・電話対応が遅い
> ・ヘルパーの身体，人権を守ってくれない（危険な援助をさせる）
> ・マナーや挨拶が悪い

③ 諸規則の遵守

自分を律することの大切さを振り返ってみましょう

目的
チームとして仕事をする場合，守るべきルールやマナーが確立できていないと職場の環境，あるいは人間関係において快適な環境とは言えません。人間性だけではチームとしてのまとまりや発展性の確立は難しく，組織としての安定した関係を作っていくためには，組織としてのルールやモラルの確立が不可欠です。

ルールを守ることは利用者の生活を守ること，そして自分や仲間をも守ることにつながります。

対象
1年に一度は振り返り，「倫理観」を高めるために定期的な研修として全ホームヘルパーに対して実施する。

1回の研修の人数は，グループワーク1組を5～6名と考え，最高6組程度が望ましい。

準備物
・事例のプリント（人数分）
・グループワーク用
　話し合うポイントを記載し
　たもの（人数分）
　提出用（グループに1枚）

タイムスケジュール（2時間程度　休憩を含む）
① 主旨の説明　　　10分
② 事例の提示　　　15分
③ グループワーク　40分
④ 発表　　　　　　15分
⑤ まとめ　　　　　20分

第2章 必要なマナーと守るべき法令

1 「これくらいなら」と言い訳していませんか？

それぞれの組織のルールにおいて問題となっている事例を取り上げ話し合ってみましょう。

事例1：不在時の対応

訪問したら利用者は留守のようで鍵がかかっていた。いつもは鍵を開けて待っていてくれるので，急に出かけられたのかと思い家に帰ってから事業所に連絡を入れた。

事例2：物損時の連絡

利用者宅で食器を洗っていたら，コップが割れてしまった。利用者に謝ると「たくさんあるからかまわない」と言われた。事業所に連絡をすると伝えたが「こんなことくらいで大層になるからしないで」と言われたので何も報告していない。

事例3：「ひやりはっと」報告

入浴介助をしているとき，いつもどおりお湯に浸かってもらい，浴槽からでるときにふらつかれた。ひやっとしたが大事には至らなかったので，記録にはかかなかった。

事例4：ホームヘルパーの電話番号は教えない

長期にわたる業務だったのでヘルパー交代を行ったが，前任のホームヘルパーから「夜になると利用者から寂しいと電話がかかってくるようになり困っている」と訴えがあった。事情を聞いてみると通院介助があったので，「雨の日はどうしますか？」と，ホームヘルパーの自宅から尋ねていた。非通知にしていなかったので電話番号が登録されてしまったのではないかと思うとのこと。

事例5：ここからはボランティア？

最近は息子の訪問もなくひとりで生活している利用者から「あんたといっしょにお茶を飲むことだけが楽しみ」と言われ，いつも仕事が終ってからお茶を

飲み話をしている。

2 規則を守ること──あなたはどう考えますか？

演習　5〜6人程度のグループに分かれ話し合ってみましょう。普段あまり一緒に仕事をしていない者同士のほうが様々な意見が聞けてよいでしょう。時間や人数により5事例全部ではなく2〜3事例ずつに分けることも必要でしょう。

司会者，記録者，発表者をあらかじめ決めてから進めましょう。

① それぞれの事例からどんなリスクがあると思いますか？
② 規則を守る意義は何でしょうか？

3 規則を守ること──人を大切にすることです

① 事例1：不在時の対応

この事例から考えられることは，「もし利用者が倒れていたら」ということです。外出していると思い込むことは危険です。室内で緊急事態が起こっている可能性もあります。普段の状況を確認すること，たとえば外出は手押し車で行く場合は手押し車の有無，玄関の電気，新聞を取り込んでいるか等の確認をすることが必要です。最悪の場合を想定し対応することが事故を最小限に防ぐことにつながります。

② 事例2：物損時の連絡

利用者が「かまわない」と言ったことでも後々になると，「何の謝罪もない」などに変わってくることが多々あります。ホームヘルパー個人で仕事をしているのではなく，事業所としてヘルパー派遣を行っている

のです。事業所はホームヘルパーの報告を受けて迅速に，誠意を持って対応することが求められています。一方でホームヘルパーは事業所の看板を背負っていることを忘れず，きちんとした報告をする責任があります。

③ **事例3：「ひやりはっと」報告**

「ひやりはっと」の事例は，「大事に至らなくてよかった」ではなく，「なぜふらつかれたのか」「いつもと違う様子はなかったか」「手順を見直す必要はないのか」等，確認するべき点がいくつかあると思います。「ひやりはっと」をそのままにせず，良い機会と捉え，リスクを予防するためのモニタリングにつなげていきます。またリスクを予防する眼を養っていきます。

④ **事例4：ヘルパーの電話番号は教えない**

利用者との関係が馴れ合いになり，知らぬ間にホームヘルパーとしての「客観的な関わり方」ができなくなってきていたということがよくあります。この事例において考えてみると，今後この利用者から昼夜問わず「寂しいから」「ちょっと用事があるので」「買って欲しいものがあるので」と電話がかかってくる可能性は否定できません。

⑤ **事例5：ここからはボランティア？**

公私の区別ができていないことが問題です。ホームヘルパーの行動により利用者にも誤解を与えることになります。ホームヘルパーは仕事が終ったと思っているかもしれませんが，利用者には伝わっているでしょうか。ホームヘルパーは事業所から派遣されています。友人や知人が遊びに行っているのではありません。ヘルパーが良かれと思っていることが自己満足であり，利用者の依存心を増長させているだけに過ぎません。

まとめ

規則は組織の理念を周知し，組織が求める人材の育成を行うことや人間関係を円滑にするために守るべきものです。価値観や考え方の違う個人が集まりチームとなり集団となって仕事をしていく場合，守るべきルールの確立が必要です。各個人の人間性だけでは組織の確立は存続できません。

ホームヘルパーが一人で活動している中，思いもかけないことが起こってし

まうことが現場ではよくあります。その時，ホームヘルパーは何を持って判断するのでしょうか？ どう行動を起こすのでしょうか？ そこには考え方の基になる理念と，行動の指針となる規則があるのではないでしょうか。

ホームヘルパーと医療行為
──家族はできても行えない

　吸痰，摘便，褥瘡の手当てと薬の塗布，ガーゼ交換，胃瘻・腸瘻などの消毒などは，医療行為と比較的わかりやすく，ホームヘルパーの仕事の範囲を超えているとはっきりと言い切れます。現場で迷うのは，以下のような行為について家族からの申し出です。

・家庭用の血圧器で，異常がなければ入浴してよい，だから血圧を測ってほしい（バイタルチェックに看護師がくるまでもない程度の簡単な症状チェック）
・白内障の目薬の点眼（2種類を少し時間を空けて点眼）してほしい
・入浴後の白癬の薬の塗布（爪）してほしい
・入浴後の爪切りをしてほしい
・浣腸（市販品）してほしい
・喘息など吸入器のセットなどしてほしい
・発熱のため，座薬を挿入してほしい

　こういった医療行為は，退院時に看護師より家族に指導されることが多く，家族が日常的に行っているのに，なぜ，ホームヘルパーはできないの？　そう思われる家族さんが多いのです。これは，ホームヘルパーと看護師とのいわゆる住み分けだけの問題だけではありません。そこには必ずリスクが生じ，生命に関わる危険も伴うのです。

　しかし，本来これらリスクも含めたのが在宅生活なのです。「私らしい最期を住みなれた家で迎えたい」そう願う利用者が増えています。医療行為とヘルパーの関係も，何ができて何ができないという，行為の線引きだけでなく，そこに伴うリスクの理解と習熟した技術（スキル），そしてやがて迎えるターミナル期を視野に入れた在宅のあり方から問われ直される時代が始まるといえます。

　ともあれ，医療行為であることを，十分に家族にも理解してもらい，サービス提供責任者に報告し，必要とあればケアマネジャーを交えて，話し合う機会を持ちたいものです。ヘルパーは安請け合いしないこと，これは肝に銘じておきましょう。

4　金銭の扱い
積み重ねてきた信頼関係を大切にするために

目的　金銭の扱いは，利用者との信頼関係を築いていく上で，非常に神経を使わねばならない業務です。せっかく築いた信頼が一瞬でこわれてしまうこともあります。金銭の扱いのトラブルは，利用者に限らず，ホームヘルパーにとっても釈然としない思いが残ることが多いのが現状です。そのため，金銭の取り扱いについて一定の約束事を決めておく必要があります。

ここでは，ヘルパーがトラブルに巻き込まれないように約束ごとの確認を徹底すること，そして自分を律することの大切さを学びます。

対象　1年に一度は振り返り，「倫理観」を高めるために定期的な研修として全ホームヘルパーに対して実施する。

1回の研修の人数は，グループワーク1組を5〜6名と考え，最高6組程度が望ましい。

準備物
- 事例のプリント（人数分）
- グループワーク用
　話し合うポイントを記載したもの（人数分）
　提出用（グループに1枚）

タイムスケジュール（2時間程度　休憩を含む）
① 主旨の説明　　10分
② 事例の提示　　15分
③ グループワーク　40分
④ 発表　　　　　15分
⑤ まとめ　　　　20分

第2章 必要なマナーと守るべき法令

1 気がついたら，こんなことありがちです

事例1

Aさん宅の活動を引き継いで1年が経ちます。やっと信頼関係ができたのか，最近は買物の内容も相談され，意見も聞いてもらえるようになりました。Aさんはいつも買物のメモを作ってヘルパーを待ってくれています。買物に応じてお金も用意してあります。小銭は財布に入れてありますが，いくら入っているか確認をしようとすると「信用しているので勘定しなくて良い」と言われます。

買物援助はスーパー，小売商店と3軒の店をまわります。帰ってから調理の下ごしらえをします。雨が降ってきそうなので急いで帰ってきて，Aさんの前に品物と財布をだして「全部で1621円でした。2000円預かったので，おつりは財布に入れてあります」と言うと，Aさんから「渡したのは3000円と小銭でしょ」と言われ，その上「今までにも財布の中の小銭が足らないことが時々あった」と話されました。

事例2

Bさんの家の近くにスーパーがないため，自転車で15分かけて行っています。Bさんから「あなたが来る前に買ってきてくれたらいいのに……」と何度も言われ，一度自分の家の近くのスーパーで買って行きました。

Bさんに喜ばれたこともあって，それからは毎回買って行くようになりました。お金は立て替えてその都度返してもらっていたのですが，ある時，訪問するとBさんは今朝入院されたということが分かりました。買ってきた食材とお金について，事業所には伝えてないのでどうすればいいのでしょうか。困ってしまいました。このまま黙っているしかありません。

2　誰も見ていないからこそ，人として，ホームヘルパーとして守りたい

演習

　　　　　5～6人程度のグループに分かれます。普段あまり一緒に仕事をしていない者同士のほうが，さまざまな意見が聞けて良いでしょう。

　　　　　司会者，記録者，発表者をあらかじめ決めて進めましょう。
次の2つの観点から話し合ってみましょう。

> ①　それぞれの事例からホームヘルパーとしての姿勢（職業倫理）が問われる行為はどんなことでしょう？
> ②　今までにあなたが金銭の扱いの業務の中で困ったことはありますか？

3　約束事を決めましょう

まとめ

　　　　　約束事をきちんと決めることが，利用者とホームヘルパーを守ることになります。利用者と信頼関係を築くのは現場のホームヘルパー自身ですが，それを支えていくのはサービス提供責任者であるあなたです。

ヘルパー業務の範囲は，「基本的に日常生活の範囲」であり，金銭の取り扱いについては，以下2点から考えられます。

①　生活必需品の買物援助にあたって，利用者から購入のためにお金を預かり，購入後に品物とおつり・レシート等を利用者と確認して，出納のチェックをする。

②　公共料金・家賃など，必要がある場合，利用者からお金を預かり所定の金融機関に振り込み代行を行い，帰宅後に領収書・残金等を利用者と確認して，出納のチェックをする。

①の場合がほとんどであると思われます。その中で，ホームヘルパーが扱う金額を，紛失や盗難などの問題もふまえて事業所であらかじめ決めておくことが必要です。また，金銭の預り金や返金額が確認できる様式も必要になるでしょう。

もうひとつ大切なことは，ホームヘルパーは金銭管理を行わないということです（金銭管理とは，ホームヘルパーが単独で主体的に金銭や通帳の保管・やりくりをすること）。

金銭管理については，利用者・家族が対応するのが基本であり，ヘルパーでの対応は行いません。

金銭管理まで関わる必要性のある利用者については，ヘルパー業務の範ちゅうを超えると思われます。関係者（サービス提供責任者）での対応を検討しながら，長期的には「地域福祉権利擁護事業」，「成年後見制度の活用」なども視野に入れて方針をたてるようにしましょう。

金銭の取り扱いについての業務マニュアルを作成し，利用者・ケアマネジャーとその都度確認をしていく必要があります。

トラブルを怖がって金銭を扱わないのではなく，約束事を確認し合い，守っていくことが大切なのです。

⑤ 法令遵守

法を守るために，まず守るべき法令を知りましょう

目的　ホームヘルパーの仕事は，介護保険法，障害者自立支援法をはじめとした法律に定められた基準に基づいて運用されています。制度を正しく理解し運用していくことが，本来，利用者が安心して暮らしていくことにつながっているはずです。「できること・できないこと」をどのホームヘルパーも理解できていれば，基準以外のサービスの提案やボランティアにつなげることもできます。一人でも勝手にしてしまったり，納得できていないホームヘルパーがいると，公平・公正なサービスが提供できなくなってしまいます。利用者が不利益を被ることにもなります。正しく法律を理解し，守っていくことが基本であることを理解します。

対象　1年に一度は振り返り，「倫理観」を高めるために定期的な研修として全ヘルパーに対して実施する。

1回の研修の人数は，グループワーク1組を5～6名と考え，最高6組程度が望ましい。

準備物
- チェック表（次頁参照）（人数分）
- グループワーク用（提出用）
  話し合った内容が自由に記載できるもの（グループに1枚）

タイムスケジュール（2時間程度　休憩を含む）

① 主旨の説明　　　10分
② 項目の提示　　　10分
③ 項目のチェック　10分
④ グループワーク　40分
⑤ 発表　　　　　　15分
⑥ まとめ　　　　　20分

第2章　必要なマナーと守るべき法令

1　ホームヘルパーとしてできること，できないこと

　介護保険制度の訪問介護サービスの中でホームヘルパーができること・できないことをチェック表にしたがってチェックしてみましょう。まず自分で考えて○・×をつけてみてください。
　次にグループの中で話し合ってみてください。

演習

①	庭の草むしり	(○ ・ ×)
②	窓ガラスを磨く	(○ ・ ×)
③	同居の家族がいる場合の生活援助	(○ ・ ×)
④	大掃除	(○ ・ ×)
⑤	入院時の一時外泊中の援助	(○ ・ ×)
⑥	おせち料理など特別な手間をかけて行う料理	(○ ・ ×)
⑦	公共施設における日常生活に必要な申請や届出	(○ ・ ×)
⑧	選挙	(○ ・ ×)
⑨	日用品以外の買物	(○ ・ ×)
⑩	ペットの世話	(○ ・ ×)
⑪	点眼	(○ ・ ×)
⑫	褥瘡の処置	(○ ・ ×)
⑬	散歩介助	(○ ・ ×)
⑭	内職の手伝い	(○ ・ ×)
⑮	農作業の手伝い	(○ ・ ×)

【正解】
①～⑮の項目の中で，ホームヘルパーが制度により通常行えるものは，⑦・⑧のみです。これ以外のサービスについても，適用できないサービスや保険者の判断により認められていないものもあります。

2　仕事をする上で守らなければならない制度上の法律，理解できていますか

チェックポイント

　まず，解答を発表してください。
　次に，各グループに正解した項目，不正解だった項目をたずねてください。
　また，各項目で皆さんが悩んだところ，迷ったところがありま

すか？

話し合ったことはどんなことでしょうか？

> **介護保険制度に関する法律による「できない事例（通称：不適切事例）」**
> ・基本的には日常生活（毎日行われる家事援助や日常生活動作）に対して援助するものであり，毎日のように行われないものは含まれません
> ・対象となる本人に対してのサービスであり，家族やペットについては対象外となります
> ・医師，看護師等の免許を有さない者による医業は，医師法第17条，保健師助産師看護師法第31条その他の関係法規によって禁止されています。家族の場合は，本人の代理行為として容認されることであり，ホームヘルパーが同じように行える行為ではないことを知っておく必要があります

介護保険が始まった頃とは，解釈の仕方が変わってきているものもあります。話し合われた内容は，ホームヘルパーとして利用者から頼まれた時，断るのに苦渋しているものや，ホームヘルパー自身ができないことに対して不満に思っていることが多かったのではないでしょうか。

もちろんサービス提供責任者にとっても，守るべきものがすべて納得のいくものではないことは承知しています。制度は変えてもいけるものです。利用者の一番近いところにいるホームヘルパーだからこそ伝えなければいけない利用者の声があります。生きていく上での生活権を保障する役割があります。大勢の声をあげていくことで制度は変わるということをホームヘルパーに伝え，ホームヘルパーの社会的な役割を認識する機会となることが，自分の仕事に誇りを持ち，意欲となるようつなげてください。

まとめ
介護保険制度下のサービスは，その財源の半分が税金で補助されています。そのため明文化された法律（運営基準等）があり，その方針により運営されることが求められます。サービス提供責任者は法律を熟知し，ホームヘルパーに伝えていく必要があります。

その際，ホームヘルパーは利用者の要望を「何とかかなえたい」とサービス

提供責任者の意見を素直に聞けないこともあると思います。サービス提供責任者としてはホームヘルパーの思いを受け止めながら，ケアマネジャーや保険者の意見を聞くなど相談をすすめていくことも必要です。

　2005（平成17）年7月26日厚生労働省医政局長通知（医政発第0726005号）により「医療行為でないと考えられるもの」が明示されました。しかし明示された行為がすべてホームヘルパーで可能な行為というわけではなく，「ホームヘルパーは医療行為はできない」という基本前提は変わっていません。それぞれの個人の状況により，ケアマネジャーを中心に相談して，判断していく必要があるでしょう。しかし，ホームヘルパーにとって一番必要なことは，さまざまな医療器具を必要として生きていくことでの利用者や家族の「つらさ」を理解することです。

　制度は利用者本人のためにあるものです。財源を確保するために「できないこと」が増えたり，家族に負担を強いられることは，利用者を置き去りにした制度になっていくことが危惧されます。わたしたちは，誰のための制度なのか，本来の目的を忘れないようにしたいものです。現場の利用者の実態が，法や制度に反映されるよう，行政へ働きかけていくことも事業者として考えていくべきだと思います。

ヘルパーの感染症予防
　——持ち出さない，持ち込まない

　サービス提供責任者は在宅での感染症の基本的な知識について，学んでおく必要があります。その考え方の基本は「サービスを受ける利用者もヘルパーも，そして周囲の家族をも感染から守り，感染を広げさせないように，ホームヘルパーとして出来る限りの予防をすること」です。ここでは，防止の基本ともいえる5つのポイントを整理します。

① 洗い流すことが基本
② 換気に気をつけましょう
③ 室内は整理整頓，掃除をして汚れたものを少なくしましょう
④ 伝播経路を断つように心がけましょう（利用者が感染症の場合）
　・手洗い・うがいの励行
　・予防衣等，使用後は他のものと別にします
　・汚れた衣類やシーツは別洗いします。血液等で汚れている場合は部分洗いし消毒液に浸した後，洗濯しましょう
　・洗濯後の洗濯機は内部を水でよく洗い流しておきましょう
⑤ 利用者がおかしいと感じたら（適切な判断のために）
　・発熱，下痢の有無，全身状態等を観察します
　・ホームヘルパーより（サービス提供責任者）ケアマネジャー，訪問看護・主治医に連絡し，指示を受けましょう。
　・感染力の強い感染症の場合は，訪問計画を変更して，最後に訪問するようにします（他の利用者宅に菌を持ち込まない）。
　・訪問しているヘルパーに確実に申し送りできる体制を組みましょう。

（参考　京都市作成　感染症マニュアル）

第3章

「自己覚知」で相手を理解する

　どうすれば，利用者と信頼関係が生まれるのでしょうか？　この問いに，相手をありのままに「受容する」こと，そう簡単に言われても，なかなか現場ではわかりにくいものです。相手のこだわりや考え方を理解することは，結局自分へのこだわりや考え方がはっきりと，自分でわかっていることが大切だからです。

　「自己覚知」という言葉は，心理学で多く用いられる言葉ですが，福祉の世界では，自分をよく知り，長所も欠点も，癖も，みんなひっくるめて，「そういう私なのだ」と受けとめる意味でつかわれます。これは開き直るのではなく，自分と違う利用者の意見や考え方に接したとき，一歩たち止まり，受け入れるべきこと，客観的になるべきことなどを考える物指しにしようというものです。

　一人ひとりヘルパーも違います。同じように利用者も違います。助ける人，助けられる人といった，一辺倒な思い込みで援助を行わないためにも，「自己覚知」をさまざまな方法で，学ぶ機会を作りたいものです。

① 自己開示の方法

自分の自己概念の気付き

目的

「自分は○○のような人間である」
「自分は○○のようなことができる」
「自分は○○の時○○のような言動をとる」
「自分は○○が好きで○○は嫌いである」

　私たちは，自分について自分なりのイメージやとらえ方（自己概念）を持っています。さまざまな言動・行動をとる上でそれが無意識に基準となって，私たちの業務にも影響を与えています。「自己概念」は，自分自身の成長を促進しますが，一方でそれを阻止する働きもあります。

　簡単な性格テストを行い，自分がどんな「自己概念」を持っているかをこの作業で探ることで，自己を理解していくことを目的とします。簡単にできる心理テストのような内容です。他のテーマと併せて，実施してみてもよいでしょう。

対象

　人数規模は問いません。簡単なグループワークを実施しますので，少人数（4～5名）のグループが作れるようにしておきます。

準備物
　チェックシート（資料3-1）（人数分）

タイムスケジュール（1時間程度）
　① 主旨の説明　　　　10分
　② 演習　　　　　　　20分
　③ グループワーク　　20分
　④ まとめ　　　　　　10分

1 20の答から見つける自分像

演習 私は○○です。という文章を20通り記入してみてください（資料3-1）。

「あなたは誰ですか？」「あなたはどのような方ですか？」など，誰かにあなた自身のことを聞かれたと想定して，20通りの質問にすべて違った答えで記入してください。質問も答えも，あなたが考えます。一例をあげます。

1　私は　優柔不断な性格です
2　私は　明るく元気なヘルパーです
3　私は　小学生の息子のいる母親です

あまり深く考えすぎず，素直に記入してもらいます。10分間程度で記入してもらうよう伝えましょう。そして，20通り記入がし終えたら，以下の内容について，まず個人でチェックしてもらいます。

① 氏名，男女，身長，体重など，自分の外面的な事実を書いた文章はいくつありますか？
　自分の性格や感じている事など内面について書かれた文章はどれくらいあるでしょうか？　その割合は，どうですか？
　また，それらはあなたにとってどんな意味がありますか？
② 知られたくないことを，どれくらい正直に書いてありますか？
③ 自分の長所について書いたものと，短所について書いたものを比較すると，どのような割合になっているでしょうか？
④ 現実の自分を表現した文章と，憧れや理想（夢）の自分を表現した文章の割合はどうなっているでしょうか
⑤ もし自分を5つの文章で表現するとしたら，20の中からどれを選びますか？　まず5つを選んでください。

次にそれらを上位から並べるとしたらどんな順番になりますか？ また，それらの文章は最初に書いた20の文章から何番目に書かれたものですか？

資料3-1　チェックシート――20の答から見つける自分像

1　私は	
2　私は	
3　私は	
4　私は	
5　私は	
6　私は	
7　私は	
8　私は	
9　私は	
10　私は	
11　私は	
12　私は	
13　私は	
14　私は	
15　私は	
16　私は	
17　私は	
18　私は	
19　私は	
20　私は	

2 自分自身の特長を考察し，自分像を探る

　　　各自で作業してもらった後，個人でチェックした①〜⑤の内容について，それぞれに説明します。
　　　再度，書かれた文章を見直すことによって，気付いた点があれば，自己を理解することへの手掛かりになります。
　①「外面的な事実」について
　あなたが自分をどのような側面からとらえているか，外面と内面のどちらを重視しているか，あなたが想定した質問は，どんな意味を持っているか，第三者にどんなあなたを知ってほしいかを知る手掛かりになります。
　②「知られたくないこと」について
　自己開示の程度を表します。人に知られたくないことでも，自分を表現する上で語っているか，自分が知っていても隠しておきたいことを話そうとしているか，検討してみましょう。隠しておきたい，できれば知ってほしくない内容の中に，自己理解への手掛かりがあります。
　③「長所と短所の割合」について
　自分が自分のどんなところに気付き，どんな風に受け取っているかが分かります。長所と短所がほぼ半々の場合，自分を比較的公平に評価していると言えます。短所の方が多い場合は，自分に厳しかったり，長所を見るのを忘れていたり（自己否定につながる），軽視していたりする可能性があります。長所の方が多い場合は，楽天的に自分を受け入れていると言えますが（自己肯定），過剰になると他者否定となる危険性もあります。
　④「現実と理想」について
　自分を現実の姿で表現するか，理想追及の姿勢で表現するかの，その傾向が表れます。年代が若い人ほど理想が多くなる傾向があり，また努力している人，上昇志向の強い人は理想への関心が強いと言えます。現実の姿を書いている場合は，正直にありのままの自分をとらえようという姿勢かもしれませんが，理

想がある方が自己の向上につながると言えます。

⑤「5つを選ぶ」について

自分自身が大切にしていること，自分らしさなどの指標になります。20の文章の何番目に書いてあるかで，自分の傾向が分かる手掛かりにならないでしょうか。大切なことをいつも意識して前面に出そうとしている人は，比較的早い段階で書いたものから選び，大切にしていることを心の奥にしまっている人は，後に書いた文章から選んでいるかもしれません。また，あちらこちらに大切なものが出ているかもしれません。

以上①～⑤についての解説を説明した後，グループのメンバー同士で見せ合いながら，それぞれ自分自身について簡単に話合い，お互いに自分像についての傾向をメンバーで共有するとよいでしょう。

3　自己評価の特長に気付く

このテストを行なうことで，それぞれの自身の特長が現れてくると思います。

簡単にグループで見せ合いながら，意見交換を行なってもよいでしょう。回答の傾向として，自分を防衛的，卑下的に見る人は日常でも控えめで遠慮がちな態度になり，積極的，肯定的に見る人は自信があり，自尊心をもった態度になりがちです。

まずは，自己評価は「自分自身の性格の良し悪しを決めるものではない」ということを説明します。そして，今回の演習の目的である「自己評価の傾向を探ることが理解できたか」を確認しておきましょう。自分では無意識の評価の傾向が具体的に表れ，その傾向を理解しておくことが，対人援助での重要な要素になることを確認しておきましょう。

ホームヘルパーと携帯電話
──便利な時代の便利なツール

　町中で公衆電話を見つけることが難しい時代になりました。携帯電話を小学生が持つ時代です。すぐに話したい人と話せる，すぐに調べたいことが検索できる，今後携帯電話の持つ可能性はますます広がり，ひとりひとりがパーソナルコンピュータを持つ感覚で携帯電話を使いこなす時代になりそうです。

　訪問介護の世界でも，携帯電話の普及で，サービスが大きく変わってきました。事業所によっては，訪問開始と終了時間，サービスの内容の管理に携帯電話を利用するシステムがすでに稼動しているとも聞き及びます。

　直行・直帰で訪問介護を行うホームヘルパーと連絡をとる場合，数年前まで，留守番電話かファクシミリが最も文化的な連絡方法でした。現在，ほぼ9割を超えるヘルパーが携帯電話を持っています。サービス提供責任者とも適時連絡可能となって，現場での不安が軽減しました。フットワークがよくなり，急な派遣や緊急時の対応もスムーズになりました。

　反面，支援の途中に電話が鳴って，利用者が不快な思いをされることもあります。また，すぐにメモできないため，携帯電話での連絡は聞き漏れ，伝え漏れも生じて，派遣にミスが出ることもあります。訪問中はやはり，マナーモードに切り替えるのがエチケットです。訪問中の利用者に関する連絡ならば，携帯電話を利用するより，直接利用者宅に架電して，「今，訪問中のヘルパーに代わっていただけませんか？」とお願いする方がよいでしょう。

　便利なものをどう使うかは，結局使う側の問題，上手に利用して利用者への派遣とよりよいケアに役立てたいものです。

② コミュニケーションのプロセス
効果的なコミュニケーション技法を学びましょう

目的　私たちは日常の生活の中で「私とあなた」といったように1対1の関係でのコミュニケーションを行い，気が合う，気が合わないなど，なんとなく問題を感じたり，悩んだりします。でも，よほどのことがない限り「なぜそう感じるのか」を意識的に立ち止まって考えることがありません。

しかし，業務の中でのコミュニケーション「利用者と私」の間で起こる問題や障害，課題については，「そうなった」「そう感じた」プロセスについて，根本的にしっかりと見つめなおすことが必要となります。

この実習では話すことを通じて，コミュニケーションの基本的要因，本質的要因について学んでいくことができます。

対象　3人1組でグループ分けを行い，同時に進行していきます。グループはいくつあっても大丈夫なので，少人数～大人数まで開催できます。

準備物
　チェックシート（人数分）
タイムスケジュール（1時間30分　休憩を含む）
　① 主旨説明，グループ分け　　　10分
　② 演習（3セット）　　　　　　30分
　　　役割分担の確認
　　　話し合い，観察
　　　チェックシートの記入
　③ グループワーク　　　　　　　20分
　④ まとめ　　　　　　　　　　　10分

第3章 「自己覚知」で相手を理解する

1 たずねること，答えること，を演習します

演習

この演習では最初3人1組のグループ分けを行い実習します。グループごとにそれぞれ「たずねる人」はたずねることを，「答える人」は答えることを中心に対話し，残りの1人はそれを観察します。

① 3人1組で以下のように役割分担をし，椅子に座る。A・B・Cの椅子は固定し，役割が変わるたびにそれぞれの椅子に座る。A・Bの椅子はひざが触れるか触れないかの位置，Cの椅子は少し離れた場所に設置する。

A：たずねる人
B：こたえる人
C：観察する人

② Bは与えられたテーマ（次頁の例を参照）の中から1つを選び，Aはそのテーマに沿ってBにたずねるだけ，BはAにたずねられたことに答えるだけ，Cは2人の話し合いには参加せず観察するだけとする（必要があればメモを取ってもらってよい）。

③ 話が終了後，各自でそれぞれの立場でチェックリストに記入する（5分）。

上記を①〜③を1セットとし，順番に交代しながら，2回目，3回目と同様に進めていき，すべての役割を体験してみる。

> **テーマの例**
> 「ヘルパー業務の中で楽しかったこと」
> 「ヘルパー業務の中で辛かったこと」
> 「印象に残るご利用者宅での出来事」
> 「自分が利用者だったらどのようなヘルパーが良いか」など

　顔見知り同士でグループにならないよう,できるだけ初対面やこれまでに交流が少ない者同士がグループになるよう配慮しましょう。

　それぞれのグループでチェックシートを交換しながら話し合ってもらうようにしてください。

2　観察されることで,客観的に自分を知る

チェックポイント
- 「話しづらかった」「話しやすかった」の違いはなぜでしょう。
- 人が見た自分と見せている自分が一致している内容についてどのように思ったか,また違っている内容はどのようなことか?

　人は他人のことは良く観察できても,自分自身のことはなかなか客観的に見られないものです。知っている自分でも「気付かない自分」があるものです。普段の自分,自分の持ち味,特長などを客観化してみる視点が必要となります。

　実習を通じて,自分の「話し方のくせ」「聴く時の表情」「姿勢」に気付かされたと思います。また自分が思っている「自分像」と他が感じる「自分像」の違いも確認できたでしょうか。

まとめ
　このように役割をはっきりと分けることによって,「相手を本当に理解することはどのようにたずねることがいいのか」「応答することはどういうことが良いのか」が,自身で体感できます。

- 答えやすいたずね方
- わかってもらいやすい話し方

- その中で、緊張が解けていくようなたずね方
- やりとりの中で、次第に深まる信頼感の育み方

　知っているつもりでも、「気付かない自分」にこの演習を通じて気付き、「普段の自分」「自分の持ち味」「特長」「変わり行く自分」「くせ」「良い面、気をつける面」が確認できれば、業務にも生かせます。

　コミュニケーションのプロセス（過程）を見つめなおし、日頃行っている利用者との1対1のコミュニケーションの中につなげられるよう、まとめましょう。

3　相互アドバイスからの「自己覚知」

仲間と話す，考える，感じる，感性を磨きましょう

目的　グループワークを通じて，ホームヘルパーという仕事を見つめ直します。ホームヘルパー自身の抱える課題や目標，知っておきたい自分の心の弱点などを自分で確認して，自分を良く知る手立てとします。同時に，仲間の悩みやその超え方，あるいは課題の共有による共感を体感します。

「自己覚知」を学ぶ方法はいろいろあります。

対象　ホームヘルパーの研修用に。
1回の研修の人数は，グループワーク1組を5名程度と考え，最高5～6組程度が望ましい。

準備物
- 記入用紙（資料3-2）（人数分）
- 提出用（グループに1枚）

タイムスケジュール　（80分程度）
① 主旨の説明　　　10分
② グループワーク　30分
③ 発表　　　　　　20分
④ まとめ　　　　　20分
＊休憩も入れて90分程度ですが，グループワークの進み具合で調整をします

1　記入用紙を配布して，早速グループワークに入ります

グループワークの前に用紙（資料3-2）を配布して，それぞれホームヘルパーに記入してもらいます。

記入した用紙を元に，グループワークに入ります。

司会者（進行係）は記入する用紙について，想定する利用者を否定したり，責めるものではないことを伝えます。

このグループワークの大切な点は，「仲間の話を聞くこと」「どれだけ大変かを訴える場ではないこと」を説明して，多弁に走りがちな人も聞き手に回るように導きましょう。

2　価値観の違い，感じ方のちがいを話し合いましょう

- 自分なら何でもないことが，とても気になる人がいる
- 自分なら我慢できないことを，こうすれば超えられる
- 自分ならこんな風には，気付かないだろう
- この人は，こういう視点で訪問しているのだ
- この人は，こんな風に利用者さんを受け入れているのか

グループワークが，盛り上がった時点で，グループのまとめを発表してもらいます。

4つの質問は，「さまざまな価値観を持つのが人間であり，互いに同じ考えの場合もあるが違う考えもある」。このことをまず，認めた「まとめ」であったかどうか，進行役は確認しましょう。

その上で，下のことを確認しましょう。

① ヘルパーの感情や価値観はもちろん大切にしなければならないものです。
（自分の価値観を変える必要はない）

資料 3-2　記入用紙「私の利用者さんについて」

☆私が「　　　　」さんの訪問で，一番印象に残った気付いたことはこんなことです。

　　　　　　　　　　　　　　　　　　　　　　　　　　　　　　　　
　　　　　　　　　　　　　　　　　　　　　　　　　　　　　　　　
　　　　　　　　　　　　　　　　　　　　　　　　　　　　　　　　

☆私は「　　　　」さんのここに感心しています。

　　　　　　　　　　　　　　　　　　　　　　　　　　　　　　　　
　　　　　　　　　　　　　　　　　　　　　　　　　　　　　　　　
　　　　　　　　　　　　　　　　　　　　　　　　　　　　　　　　

☆私は「　　　　」さんのここに疑問を感じています。

　　　　　　　　　　　　　　　　　　　　　　　　　　　　　　　　
　　　　　　　　　　　　　　　　　　　　　　　　　　　　　　　　
　　　　　　　　　　　　　　　　　　　　　　　　　　　　　　　　

☆私は「　　　　」さんにこうしたらいいのにと，意見を持っています。

　　　　　　　　　　　　　　　　　　　　　　　　　　　　　　　　
　　　　　　　　　　　　　　　　　　　　　　　　　　　　　　　　
　　　　　　　　　　　　　　　　　　　　　　　　　　　　　　　　

＊「　　　　」さんは，実際に訪問している利用者を思い浮かべてください。利用者は一人に絞りこまなくてもかまいません。

② しかし,プロとして援助に入った場合,「その援助がヘルパーの価値観と違っても,利用者に沿った援助ができているか」「こういうことはヘルパーの好き嫌いとは関係ないと思っているか」がポイントです
③ その利用者が必要としている援助を,まず行うことがヘルパーの仕事です
④ この心のプロセスを理解する事が「自己覚知」でもあるのです

まとめ さて,以上の過程を終えて,もう一度,グループで3つの今日の話し合いで,「教訓になったこと」「役にたったこと」「難しいこと」を選んで発表してもらいます。

この研修は,最後の3つの言葉に集約されますが,その3つが選ばれるに至ったプロセスこそが,最も「自己覚知」を知る手がかりになります。

④ リーダー自身が互いに育つために
講習会を終えた後の感想文から，さまざまな思いを受け止める

目 的　「排泄介助の講習」など，折を見て，スキルアップのための実務的な講習会や研修会を開催する事業所も多いことと思います。また，さまざまな研修会にホームヘルパーを参加させて，より良いケアを，めざす事業所もあることでしょう。

　ここで，確認するのは，こういった講習会・研修会後の事後指導（還元）です。単に参加してもらうだけでなく，そこで何を学んだか，何を感じたかを，チームのリーダーは知っておくことが必要です。

対 象　この研修は，サービス提供責任者同士が，おこなうものです。どのようにホームヘルパーの指導者として，チームを育てるか，その根幹に触れてみましょう。

準備物
- 研修会などに参加したホームヘルパーの感想文数人分（人数分）

タイムスケジュール（60分程度）
① 主旨の説明　　10分
② グループワーク　40分
③ まとめ　　　　10分

＊サービス担当者同士のミーティング感覚で気軽に話せる１時間程度が適当でしょう。目的を明確に持ち，話が横にぶれないように

1　チームのひとりひとりに向き合えるサービス提供責任者

事例　以下の感想文は、ホームヘルパー経験者のスキルアップのために開催された「排泄の講習」後に書かれたものです。同じ講習に参加した3人のホームヘルパーの感想文を読みましょう。

①　Aヘルパー

以前にかかわった利用者にご自分の排泄物をとても気になさる方がおられました。「こうして毎日排便排尿があると、涙が出るほどうれしい。神様ありがとうございました」そう言われ、手を合わせて水洗トイレの水を流されるのです。大腸がんで大きな手術をされたこともあり、排便排尿があること自体が大きな喜びだったようです。自分の排泄物を懐中電灯でチェックされていました。

確かに排泄物は正直です。自分の摂食スタイルをそのまま物語ってくれます。バイタルチェックは、まず、排泄物と言っても、過言ではないでしょう。

今回の講習でオムツやパットの改良度には感心しました。でも、購入されるそれらの介護用品は諸事情が伴うので、ホームヘルパーは介入できません。でも、使い方はホームヘルパーのほんの少しの工夫で、利用者の人生を変えることもありえます。うれしい、講習会でした。

②　Bヘルパー

今回の講習で、自分がいかに排泄介助の時、気がくばれていなかったかがよくわかりました。私はオムツ交換の時腰周りばかりに意識が集中して、利用者の心地良さとか、安心感をあまり大切に思っていなかったのです。頭ではわかっていても、今回実際に着装してみて、自ら体験することの大切さも知りました。今日学んだことを利用者や困っている家族の方にも教え、介護の不安を取り除けるように、情報を提供していくことも大切だと思いました。

③　Cヘルパー

最近、オムツ交換の活動がなく、トイレ誘導で充分な方が多かったので、とてもよい復習にもなりました。かつて、訪問していた利用者宅では、今回まさ

しく，悪い見本というオムツ交換をしていたので，本当に申し訳なく，心の中で「ごめんなさい」と思いました。

私たちのグループでは，しっかりオムツ内の排泄物が外に漏れないように着装させている紙オムツは，はたして利用者にとって一番快適なのかしら？　それは処理が簡単な介護者のためのものかも……という意見もあり，いろいろと考えることの多い講習会でした。

2　習うこと，引き寄せること，思いをめぐらせること

Aヘルパーは，講習を通じて，かつて関わった利用者がご自分の排泄物をありがたく感じておられたこと，それを思い出して，いきいきとしたホームヘルパーの仕事に心を昇華させています。

Bヘルパーは，自分のスキルアップに一生懸命。新しい技術の習得が，困っておられる利用者の家族に役に立てばいいと感じた様子です。

Cヘルパーも，自分の失敗談を語りながら，今の紙オムツが，本当に利用者にとってベストなのだろうか，そんなところにまで，思いが及んでいます。するどい指摘です。

こういう，感想文をサービス提供責任者として，どう受け止め，どのように現場で返していくか，ここにこそ，本当のチーム作りの難しさと楽しさ，喜びがあるのではないでしょうか。

研修会，講習会に出席した「証（あかし）」が感想文ではありません。その文章にサービス提供責任者は，ホームヘルパーの感性の「鋭さ」や「やさしさ」，「求めているアドバイス」を見逃してはなりません。

「生きていることを支えている」その仕事のプロとして，あなた自身の価値観を含め，ホームヘルパーの熱い想いをどのように援助に生かしていくか，常に立ち止まり，立ち止まり，共に歩んでいきましょう。

ホームヘルパーの心意気
　──こまぎれ介護・かけあし介護だって……

　サービス提供責任者の苦労のひとつに，サービス内容身体１（30分）の月曜日から日曜日までの福祉業界用語で言うところの「帯派遣の調整」があります。身体介護の帯派遣は，おむつ交換やトイレ誘導，服薬の確認，更衣など，とかくギュッと詰った仕事が多く，「ホームヘルパーです。お変わりありませんか？」から，「では，また……」まで，バタバタと時計を見ながらの介護が普通です。ある程度介護に慣れたホームヘルパーを核（コア）としてチームを組むのですが，この人選に胃が痛くなるのは，サービス提供責任者なら，いつものことでしょう。

　朝の起床介助，夕の就寝介助は，利用者の希望時間も他の方と重なることが多く，任せられるホームヘルパーがたりない，時間がたりない，空いているヘルパーでは経験がたりない，とナイナイづくしです。時間を切り詰め，ぎりぎりの移動時間で数件訪問するとなれば，雨など降ろうものなら，ヘルパーのバイク事故まで気になって，後は祈るしかないという気持ちになってきます。

　こういう「こまぎれ介護」「かけあし介護」は，介護の質を落とし，ケアの心をなくした，介護保険の悪弊のように批判され，評論家の格好の的になっています。

　でも，現場のホームヘルパーは，こんなことでは簡単にへこたれないものです。たった数分だって，利用者との心の交流が生まれるものです。手はせわしなく動いていても，言葉はゆっくり，やさしく，おっとりと，笑顔で対応。ポケットに使い捨てカイロを忍ばせてそっと手を温めてから利用者のオムツを交換するなど，小さな工夫で，心の交流をはかろうとしています。また，そうでなければこの仕事は続けられません。

　介護保険には保険の限界があり，その中で最もいいプランが担当のケアマネジャーによって，考えられていると信じているからこそ，「こまぎれ介護」「かけあし介護」と言われても，一本筋を通して訪問しているのです。これが現場の心意気，ホームヘルパーっていうものだと思いませんか？　うん？　ちょっと，無理があるって？

5 人権について

常に意識して行動できているのか
自分自身に問いただしていきましょう

目的　ホームヘルパーには国民の生活権（人権）を擁護する役割があります。ホームヘルパーの仕事は，高齢者や障害者が地域の中で安心して暮らせるよう人権を守り，地域社会での生活を支えていくものです。「人権」や「尊厳」を守ることは在宅生活の維持に関わる基本的な理念です。普段のケアの中で知らず知らずのうちに人権を侵していることがないか振り返ってみます。

対象　1年に一度は振り返り，「倫理観」を高めるために定期的な研修として全ヘルパーに対して実施する。

　1回の研修の人数は，グループワーク1組を5〜6名と考え，最高6組程度が望ましい。

準備物
- 事例のプリント（人数分）
- グループワーク用
  話し合うポイントを記載したもの（人数分）
  提出用（グループに1枚）

タイムスケジュール（2時間程度　休憩を含む）

① 主旨の説明　　　10分
② 事例の提示　　　15分
③ グループワーク　40分
④ 発表　　　　　　15分
⑤ まとめ　　　　　20分

第3章 「自己覚知」で相手を理解する

1　人権に配慮していますか？

事例1

　Aさんのお宅に訪問して半年が過ぎました。はじめはなかなか話をしてくれませんでしたが，最近やっと自分のことを話してくれるようになりました。ある日の会話です。

利用者：わたしなんかひとりぼっちで，もう生きていく意味なんかないなぁ

ヘルパー：そんなことありませんよ。そんなこと言われたら私，哀しいです

利用者：若い頃夫に死なれて，その時子どもを手放してしもたんや

ヘルパー：そんなことがあったんですか。なんで子どもさん手放したんですか？

利用者：……わたしひとりでは育てられへんし，夫の実家が跡取や言うて連れて行ってしもたんや

ヘルパー：それでどうしたんですか？　それから会ってないの？

利用者：……

事例2

　Bさんは要介護5の認定を受けており，1日3回オムツ交換や食事介助などをホームヘルパーが行っています。最近，BさんのADLや嚥下機能が低下してきたことで，お昼の1時間では時間が足らなくなってきました。今まで，食事介助では利用者のペースに合わせて食べてもらっていたのですが，ついついスプーンを運ぶペースが速くなってきました。薬も食後，1種類ずつ水で溶いていたのが，おかゆの最後のひとくちにすべて混ぜ込むようになってしまいました。これでいいのかしら，と思いながら……。

2 「人権って何？」職場の中でもっと話し合うべき問題です

演習 事例について以下の点を中心に話し合ってみましょう。
① 2つの事例の中で何が問題なのでしょう？
② よく似た経験をしたことはないでしょうか？
③ ヘルパーの仕事において人権を守るということはどういうことだと思いますか？

3 「人権の尊重」は社会福祉の根幹の理念です

事例1のポイント

人は誰でも触れて欲しくないものがあります。家庭環境や生活環境，あるいは職歴や婚歴などです。しかし，人はときどきその触れられたくない部分をわかって欲しいと，やさしさを求めることがあります。

そんな時，土足で踏み込まれるように興味本位で聞くことは，かえって相手を傷つけることになります。すべての人は人間として尊重されなければならない権利があります。他人の人生を興味本位で見たり，聞いたりすることは基本的人権を侵害することにあたります。

事例2のポイント

この事例は，利用者主体のサービスであるはずが，介護者のペースでサービスを提供してしまっていることが問題です。
利用者の声を聴いてみてください。
「わたしはモノじゃないのに」
「次から次に口に入れないで」
「食事に薬を混ぜるなんて，そんなもん食べたくないわ」
「食事だけが楽しみなのに」

「もう食事なんていらない」

重度の利用者の場合，自己決定や意思を伝えたりすることができにくい方が多いのですが，それを当たり前として不適切なケアを見過ごしてしまうことは絶対避けなければなりません。

まとめ

世界人権宣言の第1条では「すべての人間は，生まれながらにして自由であり，かつ，尊厳と権利において平等である。」と謳っています。基本的人権には，参政権，社会権，精神的自由権，経済的自由権，生存権，法の下の平等，生命・自由・幸福の追求権などがあります。すべての人は人間として尊重しなければならないということです。

繰り返し「人権を守る」ということについて話し合う場を持ち，自分たちの業務を振り返ることが大切です。私たちの仕事は，広くとらえると，「人権を守る仕事」であることを強く自覚しなければなりません。

ホームヘルパーの手荷物
——最低限に。まずバッグを小さく

　そのまま遭難しても数日は大丈夫じゃない？　大きなリュックを背負ったヘルパーに出会うと，ついそう思ってしまいます。ちょっと中を見せてもらいました。

　エプロン，バンダナ（三角巾），手拭きタオル2枚，靴下，ティシュ，ディスポ手袋，虫刺され薬，ちょっとした化粧品（櫛，鏡），財布，筆記具，スケジュール帳，印鑑，携帯電話，この程度のことなら，小さなショルダーバッグでも十分入りそうです。

　次にペットボトルにいざというときのチョコレートとクラッカー（昼食がとれない日のため），雨具，着替えのTシャツ，バンドエイドに滅菌ガーゼ，使い捨てカイロにマスク，ビニール袋に買物用の袋，時間があったら読もうと思っている介護福祉士問題集，ここまでくるともう，ご勝手にといいたくなる重さです。

　さらにUV効果のあるパーカーと折りたたんでも形の崩れない日よけ帽子，扇子と冷えピタまで入っていました。万全の構えというのでしょうか，スゴイ！　しっかりしたリュックでしたから，5.3Kgありました。

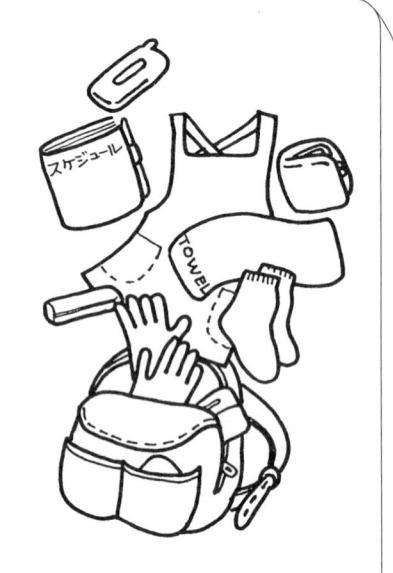

　「女性はバッグの大きさに合わせて，物を持つ」誰の言葉か，忘れましたが，確かにスペースにゆとりがあると物が増えるようです。思い切って，小さめのリュックの購入をお勧めします。肩も凝らないし，腰への負担も軽いはず。バイクの方なら，シート下のスペースの有効利用を。メットを片付けても，そのメットに入る小袋の活用で，あなたの持ち物，ずいぶん軽くなるはずです。

第4章

対人援助技術の訓練

　対人援助技術は，ホームヘルパーの苦手とする分野のひとつです。「言葉がけよりも，つい介助の手が出てしまう」「利用者のつらい昔話に引き込まれ，必要以上に感情移入してしまう」また，「いつもあれだけ言っているのに，忘れてしまう利用者に家族の気持ちになって，『何とかして』と，思ってしまう」。

　一対一の世界だからこそ，濃密な時間を共有するホームヘルパー。「頭はクールに心はホットに」とは，なかなか行かないものです。そんなホームヘルパーを導くのもサービス提供責任者の仕事です。本章ではわかりやすく，介護の現場を想定した演習・研修をご紹介します。

1 相手に好印象を与える秘訣

初対面から好印象を

目的　介護で大切なのはコミュニケーションと言われます。特に，利用者と一対一で向かい合い援助を進めていくホームヘルパーの業務においては，「いかにコミュニケーションを円滑に進められるか」が重要となるでしょう。

「第一印象」は，その後の利用者との関係を左右する重要な要素です。私たちが，はじめての人と接する時に何らかの印象を持つのと同じです。もし，その印象が最初からマイナスイメージであれば，その後信頼関係を作るのは容易ではありません。初回の訪問時から，まず相手に良い印象をもってもらえるような接し方を，心がけなければなりません。

対象　全ヘルパー対象。特に新人ヘルパーのマナー研修と合わせて開催するのもよいでしょう。

人数は全員にロールプレイを体験してもらうので，多くなると時間的な制約がかかります。10人前後が良いと思いますが，多ければロールプレイの人数を調整しましょう。

準備物
撮影用のビデオ機材一式（一セット）
再生できるテレビ（一台）
チェックシート（次頁参照）（人数分）

タイムスケジュール（2時間程度　休憩を含む）
① 主旨の説明　　　　　　10分
② ロールプレイ　　　　　40分
③ 振り返り　　　　　　　20分
④ 表情のトレーニング　　30分

1 客観的に自分を観察して気付くこと

演習　「今日から初めてのAさん宅を訪問することになりました」という場面設定で，ホームヘルパー役と利用者役を決めて，訪問時の挨拶から援助に入るまでを3～5分くらいで実際に行なってください。また，そのロールプレイの様子をビデオで撮影しておきます。他の観察者はチェックシート（下記）を記入します。

チェックシート

・身体動作について
　（顔の表情，しぐさ，ゼスチャー等の身体の動き，視線）

・言語について
　（声量，スピード，声の質，大きさ）

・距離間
　（相手との距離のとり方，位置関係）

・その他
　（言葉づかい，会話の間のとり方）

終了後，進行者が観察者の中から1名選び，チェックシートの内容と併せて，ロールプレイを観察して感じた全体の印象を発表してもらいます。そして，ビデオを再生し，ヘルパー役の人は実際に自分のロールプレイを見てどのように感じたか，感想を語ってもらいましょう。

> **進行のポイント**
>
> 　特に自分でも気がつかない「特長」や「くせ」などに気付いてもらうことに重点をおきましょう。たとえば，細かいことでは「つい髪の毛を触ってしまう」などの動作の「くせ」や，「相づちのうちかた」の言語的特長など，なかなか自身では気付かない部分があるものです。それが相手にどのような印象を与えているかは，知っておく必要があります。

2　非言語コミュニケーションの重要性

　まとめでは，非言語レベルでのコミュニケーションの留意点を理解してもらうようにします。声の大きさやスピード，また視線の合わせ方や適切な距離感を保つことなどを説明します。

①　声

一般的に低い声が高齢者には聞き取りやすいと言われます。

また，声のスピードにも気をつけなければなりません。少し早口で話す癖のある人は気を付けましょう。

②　視線

しっかりとアイコンタクトができているか。相手を見ることで「あなたに関心があります」ということをアピールできます。ただ初対面の関係ではあまり視線を合わせすぎるのも良くないと言われています。相手に緊張や威圧感を与えることのないように注意が必要です。

③　表情

硬くなっていませんか？　自然な笑顔ができていますか？

④　姿勢

離れすぎていませんか？　相手との適切な距離が保てていますか？

第4章 対人援助技術の訓練

まとめ

初対面で「より良い印象を」とはりきって焦ってしまい，急に距離感を縮めてしまおうとして，妙に馴れ馴れしく接してしまうので，逆に相手との距離が広がってしまうこともあるので注意します。

人は初対面同士では一定の緊張関係にあります。その距離を一気に乗り越えてしまうことになれば，相手も心理的に防御することになり，余計に逆効果となります。

また，外見（髪型，服装の視覚要素）についても，相手にとっての印象になることを説明しましょう。清潔な服装，髪型が良い印象を与えます。コミュニケーションには言語以外の要素も大きな要因となることの理解をもってもらいましょう。

また逆に，ホームヘルパーは利用者の第一印象に固執することにより，利用者の印象に惑わされ，先入観を持たないよう，感情をコントロールすることが必要となることも，説明しておきます。

3 援助者に必要な表情とは

演習

表情については，基本的に自然な笑顔で接することが良いと思います。ただ，援助の際には笑顔だけでなく，共感する際には悲しみ等，他の表情を表出させる機会も多いのです。

自分の感情がどのような表情になって表れているかは，なかなか自分では気付きにくいと思います。自分の表情は相手にどのように見られているかを演習の中で，客観的に見てもらいます。

① 2人でグループを作ります。
② 1人が相手に次の6つの表情を作り（どの表情をとったか伝えずに）もう1人の人が次のどの感情を表す表情に見えたかを答えてください。

● 楽しさ

- 怒り
- 驚き
- 苦しみ
- 嫌悪
- 軽蔑

③ 表情と相手が判断した感情について，お互いに意見交換を行なってください。

まとめ　場合によっては自分の感情と相手が判断した表情に相違があることもあったのではないでしょうか？　これには個人差もあると思いますが，自身の特徴として覚えておく事は必要です。

また，この演習は相手の表情から感情を読み取るトレーニングにもなります。たとえば，発語が困難なご利用者の意思をくみ取る場合にも有効ですし，また利用者の表情を観察することにより援助の効果や満足度を図れるトレーニングにもなります。

ホームヘルパーの「新・三種の神器」
——介護福祉士・運転免許・インターネット

　現在，身体介護・生活援助で活躍する２級ヘルパーは，90時間の研修を経て，現場に出ることが許されます。本当は現場での実践や経験の積み重ねこそが，ホームヘルパーを鍛える何よりの研修であることは言うまでもないことですが……。
　ともあれ資格を取得するための中身は講義・実技・実習が３本柱で「介護員養成研修事業実施要綱」（厚生労働省通知）のカリキュラム２級に準拠していることは，ご承知の通りです。
　一方で，この２級ヘルパーのステップアップが国レベルで計画されていることは，サービス提供責任者ならすでにご存知でしょう。超高齢者時代の始まりと共に，重介護を必要とする高齢者の在宅率が高まり，さらに認知症の利用者への望ましいケアなど，これに対応できる知識・技術の補講研修が必要とされているからです。
　介護福祉士の国家資格をすでに取得しているホームヘルパーは，この補講のハードルが低いということですから，ホームヘルパーは限りなく，介護福祉士と近い知識・技術が必要とされるということでしょう。
　運転免許の必要性は，言うまでもありません。バイクを利用しての訪問が多くなっています。また，早朝深夜の派遣が増えるほど，軽自動車での巡回ヘルパーの訪問が増加していくと見込まれています。
　インターネットをツールとして使えるヘルパーもこれから必要でしょう。「情報の多さ，情報を精査する能力が求められる時代」と言われます。利用者の既往症，薬の内容などはむろん，生活の知恵，栄養についてもインターネットで得られる知識は膨大です。支援チームの情報交換にも，ネットが活躍する時代がすぐそこに来ています。サービス提供責任者にとっては，あれもこれも，取得すべきパーツの多い，多忙な時代になりました。

2 対人関係を円滑に進める技術
声かけや応答の技法について

目的　ここでは，より実践的なコミュニケーションについて深めていくことを目的とします。実際の事例をあげ，コミュニケーションに関するグループワークを行い，ホームヘルパーにより適切な話し方，聞き方（たずね方），答え方を実践してもらいながら，知識を深めてもらうのがねらいです。利用者との人間関係を円滑にしていくためのコミュニケーションスキルの向上のためのプログラムです。

対象　3人～5人くらいの少人数のグループ分けを行なう。

準備物
　事例のプリント（人数分）
　　＊活動中のコミュニケーションで失敗した事例，対応に迷った事例等，必要な事例をつくりあげてください。ポイントとしては，特にこの場面をホームヘルパーに学んで欲しいという事例をピックアップしてみます

タイムスケジュール（2時間程度　休憩を含む）
　① 主旨の説明　　　　　　　　　　　10分
　② 事例演習とロールプレイ　　　　　40分
　③ グループワークと発表　　　　　　20分
　④ まとめ――適切な応答の技法について　30分

1 ロールプレイの実践

事例

利用者名：Tさん／男性／68歳

家族状況：独居，5年前に発病後，妻や子どもと別離し，現在は一人で生活している。妻や子どもとはまったく交流がなく，他に頼れる身内がいない

身体状況：脳梗塞後遺症により左半身機能障害。動作は装具を着用し，自力歩行は可能であるが，不安定

精神状況：生真面目な性格であったそうだが，発病後，自暴自棄な面や不定愁訴も多くみられるようになった

生活歴：家族関係も良好であったが，発病後，左半身の機能障害が残り，そのころから自暴自棄になり，生活習慣も乱れ，必要な受診も拒否，家族への暴言等もみられ，別離することとなった。そのころより在宅サービスを活用し，独居の生活を始める

介護計画：週2回の生活援助（買物　掃除　調理）

訪問すると，Tさんの機嫌が悪く，挨拶や声かけにも反応がない。そこで，なんとかなだめながら，話を進めると，

「こんな身体じゃ，歳をとってもこれから何も良いことはない」のような悲観的な発言が続く。

「自分はまだ若いのに，こうしてヘルパーに来てもらっている。妻にも見捨てられて，近所の人が何か言っていないだろうか」と，元来の生真面目さがうかがえる面もある。

「いっそこのまま死んでしまえたらいいのに……」といいながら，

「どうやったら楽に死ねますか？」とホームヘル

パーに問いかけられた。

演習 上記の事例に対して、ベストなコミュニケーションのとり方を各グループで討論してもらいましょう。

① ロールプレイ

事例に対して読みあわせを行い、各グループでホームヘルパー、利用者、観察者役を設定し、ロールプレイを行ってください。最初に進行者でデモストレーションを行なってもよいと思います。

利用者役は前述の事例で人物像を把握できたら、アドリブで台詞を重ねていき、それにホームヘルパー役は答えていきます。

② グループディスカッション

グループ全員がホームヘルパーの役割を終えた時点で、討議に移ります。事例についてベストなコミュニケーションのとり方を討論してもらってください。

「一番いいと思う会話である」とか、「こういうふうに捉えて応えたらいい」という考え方などを、それぞれ意見交換を進めてもらいます。

2　適切な声かけや技法

今回のロールプレイの題材は、ご利用者の気持ちを理解し、受容し寄り添う態度（共感すること）が求められる事例であり、それぞれのグループから適切な態度や声かけについての意見が出されると思います。進行者はそれぞれに必要な姿勢について、コメントします。

適切な応答のための技法と、今回の事例に対して、具体的な言葉かけの一例を次にあげてみます。状況やホームヘルパーの個性によって、応答の方法は多彩です。これが正しいという話法はありません。でも、意図を持って応対すれば、相手の心に添えるはずです。対人援助の難しさと価値のある成果が生まれるように、ひと言ひと言を大切にしたいものです。

適切な応答のための技法[*]

① **繰り返しの技法**

相手の言葉の一部や全てを繰り返すことにより，理解や熱意を示す

利用者「自分はまだ若いのに，こうしてヘルパーに来てもらっている。妻にも見捨てられて近所の人が何か言っていないだろうか……」

ヘルパー「ご近所の人が何か言っていらっしゃるのですか」

② **要約の技法**

相手が長々と語った話の要点をつかみ，要約して繰り返すことで相手に問題の整理をさせる。

利用者「自分はまだ若いのにこうしてヘルパーに来てもらっている。妻にも見捨てられて近所の人が何か言っていないだろうか……」

ヘルパー「ヘルパーの訪問，奥さんとの別居で周りの方の評判を気になさっているのですね」

③ **解釈の技法**

相手の話の要点をつかみ，要点と要点を因果関係で系統的に並べて繰り返すことで相手が問題の背景を理解し，こちらへの協力的な態度を引き出す。

利用者「いっそこのまま死んでしまえたらいいのに……」

ヘルパー「なかなか人間関係も上手くいかなくて，意欲が出てこないのですね」

④ **保障の技法**

相手が抱いている不安や恐れを，言葉と態度の両方で支えることで，安心させ勇気づける。

利用者「いっそこのまま死んでしまえたらいいのに……」

ヘルパー「悪い事ばかりじゃないですよ。雨降りだって，いつか晴れるっていいますよ」

⑤ **共感の技法**

相手が抱いている感情に，言葉と態度の両方で理解を示すことで，温かい心を伝える。

利用者「どうやったら楽に死ねますか？」

ヘルパー「〇〇さんがつらいのは，とてもよく分かります」

⑥ **促しの技法**

相手が話しやすくなるように，うなずき・相づちなどをしながら，的を得た質

問をすることによって，相手の情報を引き出しこちらの熱意を示す。

　　利用者「最近，笑うこともなくなりましたわ」
　　ヘルパー「うん，うん……。どうかされたのですか？　何か，ありましたか？」

　⑦　明確化の技法

相手が漠然と分かっている事柄を，こちらの言葉ではっきりさせて，言いたいことへの理解を深める。

　　利用者「昨日来たおたくの事業所の人，名前を忘れてしまって」
　　ヘルパー「サービス提供責任者の中田ですね」

　⑧　沈黙の技法

明確化とは逆に，相手が言い出すまで辛抱強く待つことで，言葉が続かない相手に言いたいことを考えて，表現する機会を作る。

　　利用者「それについては……。えっと」
　　ヘルパー「…（沈黙）…」

　⑨　対決の技法

相手の言動（言葉・表情・行動など）における相手の一貫性のなさを指摘して，矛盾に直面させて本当の気持ちに気付かせる。

　　利用者「誰も全く顔を見せないが，何ともない」
　　ヘルパー「でも，顔には淋しいと書いてありますよ」

＊畠中永典「適切な応答のための態度と技法」『おはよう21』10月号，中央法規出版1992年，30～32頁より参考引用。

まとめ

　　援助者としてコミュニケーションに必要な応答のための態度・技法について以下説明します。説明後，再度日々の活動で接しているコミュニケーションを振り返り，意見交換をしてもらうようにしましょう。

適切な応答のための態度
①　構えや飾りのない態度（無防備）
②　相手の感情に寄り添う態度（共感）

③ 相手を受け入れる態度（受容）
④ 適度な距離を置いた態度（間）
⑤ 熱意のある態度
⑥ 理解のある態度

③ 利用者の自立支援を促す
効果的なアプローチ方法を検討しましょう

目的

介護の大きな目標として「自立支援」があります。ホームヘルパーが行う援助でも，利用者のもつ能力をいかして自立を促す支援能力が今後，ますます求められます。とりわけ介護保険制度では，ケアマネジャーの作成するケアプランの中で，細かく課題が設定され，支援を進めながら，期間を決めて達成効果を見ていくことが必要となります。

実際にホームヘルパーは，利用者の望む状態や暮らしをしっかり理解し，援助を進めていく必要があることをしっかりと受け止め，認識しなければなりません。目標の達成をめざすにはいろいろな障害が立ちはだかります。ホームヘルパーの大きな目標である自立支援は個々のホームヘルパーの資質・センス・判断力に負うことも多いのです。

ここでは，具体的にホームヘルパーはどのような課題を抱え，援助にあたっているのかを見極め，また効果的に進められた時の有効な方法を，協議しながらチームで共有していきたいと思います。

対象

チーム単位等の少人数で，またケース検討会のような形をとっても良いでしょう。

準備物

訪問介護計画書，アセスメントシート等（人数分）
＊チームでケアを行なっている実際の利用者のケアプラン，事業所のサービス提供責任者が作成した訪問介護計画書，各々のヘルパーの報告書（日報など）も，その検討の題材となります。

> **タイムスケジュール**（1時間程度）
> ① 主旨の説明　　　　　　10分
> ② 計画書について説明　　20分
> ③ グループワーク　　　　20分
> ④ まとめ　　　　　　　　10分

1　ケアプランのもつ意味を理解する

　ホームヘルパーが訪問する際には，それぞれに具体的な訪問の目的が決められています。介護保険制度では，それぞれの利用者に訪問介護計画書が作成され，それに沿った援助を進めていき，その目的の達成度を定期的に測定（モニタリング）していきます。

　実際の現場では，ホームヘルパーに，計画書を説明して援助の目標を伝えていると思いますが，その計画の元となるケアマネジャーが作成した，ケアプランをチームの一人ひとりのメンバーがしっかりと見る機会がないのではないでしょうか。

　具体的に「居宅介護計画書」を取り上げます。

　まずは，どのような課題や目的があり，訪問介護計画に結びついているかの連動性を理解しましょう。より細かな課題や目的が確認され，その中でヘルパーの求められる役割や援助の目的，ホームヘルパーの行なうサービスの意味の重要性の理解を図ります。

特に，最近では介護予防に関してのホームヘルパーの役割の重要性についても期待されています。特に予防訪問介護の場合，ヘルパーの業務の目的は，生活機能の改善，ADLの向上，生活行為の活発化となります。介護予防サービスのプランについても確認を行なうとよいでしょう。

2 利用者をイメージしながら，検討する

演習

① 居宅サービス計画書（1）
利用者の基本情報／要介護状態区分・利用者及び家族の生活に対する意向・審査会の意見など，最も基本となる個人情報です。
② 居宅サービス計画書（2）

生活全般の解決すべき課題が，長期・短期目標として掲げられていて，この課題をどのような居宅サービスが担当して，目標達成へと生活してもらうかが，書かれています。

③ 週間サービス計画書
一週間のスケジュールが書かれています。

これらを見ながら，事業所の訪問介護計画が立てられ，ホームヘルパーの参画によって，どのように生活が変わってきたかを，サービス提供責任者はモニタリングを行い，その達成度を測っていくのです。

チェックポイント

- ケアプランから，訪問介護計画書にどのように業務が計画されたでしょうか？
- その計画書どおりに業務はすすんでいますか？
- 計画通りでない場合，それはなぜでしょう？
- 利用者ができることをホームヘルパーが奪っていませんか？
- 利用者ができるように，どんな工夫をしていますか？

3　ICFの考え方を学ぶことは自立支援を知ること

　ICF（国際生活分類）の考えに基づいた介護計画をチームで学び，実践することはこれからのチームケアに欠かせない要素のひとつです。ケアプランを礎に作られた訪問介護計画も，その根底にICFの考え方が反映されているはずです。
　ケアプランから，訪問介護計画が生まれ，課題の達成の検証や新たな課題（ニーズ）の発見という一連の流れを理解すると共にこの機に，チーム全員でICFの考え方を確認し，特に業務の上で，以下の3点を心に留めましょう。
　①　訪問介護計画は，利用者のプラスの面を重視して作成されていますか？　できないことを探すのではなく，できることを伸ばす援助計画ですか？　そういう，声掛けをしていますか？
　②　訪問介護計画に「生活機能」の視点が考えられていますか？　利用者が一人の人間として，自分らしく生きていかれることを支援する時，心身機能の低下面ばかりに視点が傾けず，その利用者の社会的な参加や活動を支援する環境面にも気を配っていますか？
　③　「している活動」「できる活動」ホームヘルパーは，明確に両者を見極めて，利用者の可能性を伸ばしていますか？
　ICFの考え方は，介護・保険・医療・福祉・行政などに従事する専門家や利用者本人，家族など，全ての人が互いに同じ物さしで語り合い，理解できるように作られた新しい包括的な考え方です。知っておきたい知識のひとつです。

ICFの考え方		
利用者の現状	ケアマネジャーのケアプラン	ホームヘルパーの訪問介護計画
○○できない ○○していない	～したい ～でありたい	～するようになる ～できるようになる ～の意欲（能力）が高まる
（何とか）○○できている ○○できる	もっと～したい	もっと（安定して）～できるようになる

4 他事業所とのいい関係をつくる

報告・連絡・相談で連携を。孤立したサービスで良いケアはできません

目的

利用者のいろいろな情報をあつめ，つなぎ，むすんでいく，よく言われる言葉で言えば，「報告・連絡・相談」が，在宅を支えるネットワークのキーワードです。

連携するチームの一人として，どのように報告を行うか，サービス提供責任者がサービス担当者会議でそれらをどのように他の事業所に伝え，新たなサービスに反映されていくのか，事例を提示しながら学びます。

対象

ヘルパーの研修用に。

1回の研修の人数は，グループワーク1組を3〜5名と考え，最高6組程度が望ましい。

準備物
- 事例（黒板またはプリント，人数分）
- サービス担当者会議の要点（まとめの時配布，人数分）

タイムスケジュール（60分程度）
① 主旨の説明　　　10分
② グループワーク　40分
　司会者・発表者（記録をかねる）を決める
③ まとめ　　　　　10分
　＊休憩やグループワークのすすみぐあいで調整します

第4章　対人援助技術の訓練

1　ひとりで悩まない，ひとりで抱え込まないために

事例

　一人暮らしのＡさんは85歳の女性。要介護１で少し認知症が見受けられます。ホームヘルパーが週に２回，買物・調理・掃除・洗濯で１時間半（10時から11時半）生活援助にはいっています。デイサービスにも週一回，機嫌よく通っています。

　一週間の生活のパターンは，下記のようなものです。通院は週に２回，近くの整形外科へ物理療法に出かけています。月に一度の水曜日は，病院で受診し，血圧の薬をもらいに行きます。

	月	火	水	木	金	土	日
午前	通院	ホームヘルプ	病院 月１回	デイサービス	ホームヘルプ	通院	長女の訪問
正午							
夕刻							

　もともと，きちんとした性格のようで，通院の後，手押し車でスーパーに行き，買物をします。なんとか生活は成り立ってきましたが，最近訪問すると寝具に失禁跡があったり，お膳の上に食べ物が残っていて，悪臭を放つようになってきました。冷蔵庫の管理も以前よりは悪く，ホームヘルパーの作ったものをそのまま腐らせてしまうことも多くなりました。

　また以前は几帳面に薬管理していましたが，今は薬が食卓の上に置き忘れてあります。本人は「もう，私あかんわ，呆けてしもた。けど，誰にもこんななさけないこと言わんといて」など，ホームヘルパーに口止めし，落ち込むことも多くなりました。

　Ａさんを取り巻く環境は，図４-１のようになっています。
長女：Ｆ子さん

図4-1　Aさんをとりまく人々

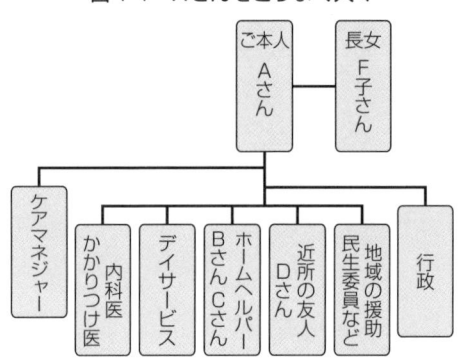

```
                    ┌─────────┬─────────┐
                    │ ご本人   │ 長女     │
                    │ Aさん   │ F子さん  │
                    └────┬────┴─────────┘
         ┌──────┬──────┬─┴────┬──────┬──────┬──────┐
      ケア   かかり  デイ   ホーム  近所   地域の  行政
      マネ   つけ医  サー   ヘル   の友   援助
      ジャー （内科 ビス   パー   人D   民生委
             医）          Bさん  さん   員など
                           Cさん
```

ヘルパー：Bさん，Cさん（サービス提供責任者）
ケアマネジャー
内科医（かかりつけ医）
デイサービス職員
ご近所のDさん（親しい関係）
地域の援助（民生委員，老人福祉員など）

2　まず，ヘルパーの意見を束ねその上で相談する

演習

① Aさんをチームで支えるとはどういうことでしょうか？
② ホームヘルパーができることはどういうことでしょうか？
③ 何を，誰に相談すればよいのでしょうか
④ あなたなら，どうしますか？
⑤ 相談の順序，報告の内容に気を配りましょう。
さまざまな立場で話し合ってみましょう。

第4章　対人援助技術の訓練

チェックポイント
- Aさんにとって，信頼できる人は？
- Aさんのプライドやプライバシーをどう，守りますか？
- ヘルパーはチームとして援助していますか？
- ヘルパー同士の連絡はどうしていますか？

チームケアの原則と基本
① 対等で民主的なチーム運営，相互理解に努めること
② 情報が集中するキーパーソンを確認すること
③ 各機関の役割と責任をチーム内で決め，確認すること
④ 利用者について気になることはすぐリーダーに伝えること
⑤ 計画的な援助を行い，定期的な検討会をもつこと
⑥ 普段から業務上の課題を明らかにしておくこと
⑦ チームケアは利用者の自己決定が前提であること

3　介護保険の要（かなめ）・ケアマネジャーに情報が集まるしくみづくり

演習　利用者の変化や変調に気づく，一番身近な専門職がホームヘルパーといえるでしょう。しかし，その報告をどのように他事業種に伝えていくか，このルール作りもチーム運営の中では大きなポイントといえます。訪問看護などが，定期的に訪問し，医療面での管理をしている場合は，互いに共有できる連絡ノートで情報の交換をしている場合も多いと思います。

しかしまず，ホームヘルパーのチームのリーダーともいえるサービス提供責任者に利用者の変化を報告するのが原則です。利用者の変調が一時的なものか，いつものことなのか，これを見極めるためにも，サービス提供責任者にホームヘルパーの気づきを集め，これをケアマネジャーに報告するのが，順当な方法でしょう。もちろん，緊急時の対応など，ホームヘルパー自身が判断し救急搬送など手配する場合もあります。

チーム運営に関してホームヘルパーが注意すべきことを3点あげます。

① 訪問時は,利用者とホームヘルパー,一対一の世界ですが,決してひとりで利用者を支えていると思い込まないことも大切です
② ヘルパー訪問時間は,一日の内の数時間,ほとんどの時間は,ヘルパーの知らない利用者の生活があることを忘れないこと
③ 「私が,私が」と活動を狭く封じ込めないように。より多くの人たちの支援があってこそ,長く在宅生活が続けられることを,常に心がけましょう

ホームヘルパーは医療面での援助はできません。しかし,たとえば利用者の既往症について,広く深い知識を持つことは,利用者についての理解を深めることにもなります。同時に,ご近所との関係も,それとなく知っておくことも大切です。もちろん,一方で個人の私生活を守る守秘義務を忘れてはなりません。

ホームヘルパーの情報収集
──区役所でFreeモノ（タダ）に注目！

　介護保険法や障害者自立支援法の中心となるのは市町村です。地域のことは地域で考え，工夫して乗り越えようという，国の大きな方針によるものです。確かにさまざまなサービスには地域性があり，それがたとえば介護保険料の金額の差に現れています。

　選べるサービスが多ければ当然，保険料は高くなります。ですから，あなたの住んでいる町では普通のことが，どこどこの市では「へぇー」と，驚かれることもあるのです。それだけ地域差があるということは，地域のことは地域に聞くのが一番ということ。サービス提供責任者なら，数ヵ月に一度は区役所にチェックに行きましょう。

　ぶらりと，パンフレット類の棚をのぞいてみてください。居住区ならではのさまざまなサービスがあることがわかります。もともと，こういったパンフレット類は，困った住民のためにわかりやすくまとめられていますので，イラストやカラー刷りが多く，サービスの説明入門編としてはすぐれものです。

　しかも，Free（無料）がうれしいですね。サービス提供責任者の定期的な訪問時に資料として持っていると，相談にも的確に答えられます。もちろん，ケアマネジャーが相談にのるべき分野もたくさんありますが，その線引き程度はサービス提供責任者として説明できて当然でしょう。

　こんなサービスがあったのか，こんなこともできるんだという情報通にもなれます。また，無料の講演会や研修会の案内，ボランティア活動にも気を配りましょう。今まで，見過ごしていた市民新聞などにも，お得な情報がいっぱいあります。要注目！　目も耳も足も手も動かして，アンテナを張り巡らせましょう。

5　チーム内の感情的なもつれをほぐす
やりがいと成長の場としての職場にしたい

目的　数人のホームヘルパーで一人の利用者にかかわるとき，メンバー間に意思の疎通が少ないと「私だけが分の悪い仕事をしている」「○○ヘルパーが楽をしているのでは？」「あのチームの中で，私が一番利用者を理解している……」など，チームのメンバー同士が信頼しあえず，ギクシャクとした雰囲気がチームに生まれることがあります。

　チームが定期的に集まることが何よりですが，しかし，頭でわかっても，チームワークを実感として体験し，その大切さと同時にもどかしさや，目標の達成感，さらによいチーム作りへの過程にこそ，チームケアの醍醐味があると感じられる機会は少ないものです。

　このグループワークは，「チームワーク」とは何かを知る，最も基本的な方法のひとつです。相互協力の過程，配慮の必要性等にも気付きます。

対象　ヘルパーの集いの導入として（5人ごとのグループが望ましい）。

準備物
- 5つの封筒に15 cmの正方形5枚を以下のように切って，分けて配る

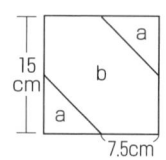

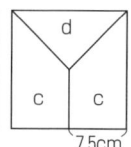

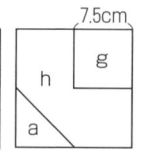

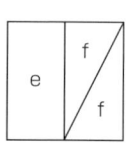

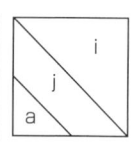

第4章　対人援助技術の訓練

> 厚紙裏表同色の物を使う
> Aの封筒：ｉｈｅ，Bの封筒：ａａａｃ，Cの封筒：ａｊ
> Dの封筒：ｄｆ，Eの封筒：ｇｂｆｃをそれぞれ入れる
> ５人一組で，５つの封筒が必要
>
> **タイムスケジュール**（40分）
> ① ゲームとルールの説明　５分
> ② ゲームの実施　15分（早ければ５分でできる）
> ③ 過程の振り返り　15分
> ④ まとめ　５分

１　型紙合わせのゲームを通して，チームワークを考える

「チームワーク」と言うと，どんなイメージがありますか？
　まず，この質問を投げかけ，大きな意味での「チームワーク」の概念を参加者にイメージしてもらいます。黒板に箇条書きしてもよいでしょう。

> ● 野球やサッカー，バレーボールなどのスポーツ競技
> ● 一人では仕上げることができない量の多い仕事をするとき
> ● 複数の人が集まって共通の目標を達成しようとするとき

　いろいろ意見を聞き，「チームワーク」のイメージが浮かんだところで，「それでは，チームワークのよい仕事をするためには，メンバーはどんな態度，どんな行動を互いにとればよいと思いますか？」と重ねて質問します。これらも，上記のイメージとともに，黒板などに箇条書きすると良いでしょう。

> ● 共通の目標をはっきりとさせる　よく話し合う
> ● メンバーが相互に理解しあう　自分の役割をはっきりさせる
> ● 相手を信頼し，かつ弱点や長所をわかりあう
> ● メンバーが補完しあうことが必要

ここで，単純な演習を実践してみることを提案します。

演習 〈ルールの説明〉

5人一組のテーブル，一人ひとりの前に封筒がおいてあります。
① 封筒の中にさまざまな形の型紙が入っています。
② その型紙をお互いに交換し合って，合計5つの同じ大きさの正方形を組み合わせた時点でこのゲームが終わります。
③ ただし，次のルールを守ってください。
- ゲーム中，話してはいけません。
- 他人の型紙をとってはいけません。型紙を欲しがるそぶりを見せたり，ジェスチャーや目で合図をしてもいけません。
- できることは，他の人に型紙を渡すことだけです。差し出された型紙は不必要でも受け取らねばなりません。
- 不必要な型紙ならもらって，また返すようにすればよいのです。話さない，欲しがらない。できることは与えることだけです。

2 参加者同士の気持ちの起伏を見逃さない

このゲームは，5人が正方形を組み上げた時点で終了しますが，その過程で，参加者の気持ちの起伏（喜び，悔しさ，残念さ，楽しみ等）を感じてもらうことにも狙いがあることを説明しておくと良いでしょう。

早く終わったグループには，他のチームが終わるまで，しばらく無言のままで待ってもらいます。他のチームの状況を見守ってもらいます。実施は20分を

目安にしています。

　全てのチームが終了したら，このゲーム中どんなことを感じたかを率直に話し合ってもらいます。

　沈黙がルールのゲームだったため，さまざまな思いがゲーム中にあったはずです。そして「チームワークって何だろう」について話していくようにします。

- 早くできた（あるいは時間がかかった）のはなぜか？
- もどかしかったのはなぜか？　楽しかったか？
- 誰かがリードしたか？
- 誰もが遠慮して，進まなかったか？
- グループの中でできた人は，できない人に何かしたか？
- 全員ができてこそ，終了するゲームのため，時にはせっかくできた正方形も他人のために壊す場面もあるが，その時どう思ったか？
- 他の人の形に（出来上がりに具合）に気をとめたか？

　グループのメンバーの中で，リーダーシップをとれた人は，全体の視野に立って，作業の進み具合を見ていたのだろうか？　単なる型紙合わせをどのようにチームワークに結びつけ，さらにチームケアへとつなぐか，グループワークを現場でどのように生かしていくか，1時間枠で，20分の話し合い時間をとっています。時間があるほど，「チームワークって何だろう」という主題を仕事に引き寄せ，深い話込みができます。

3　どんな行動がチームによいか，障害になるかを体感する

　この「チームワークって何だろう」のポイントは，ゲームの過程にあります。5つの正方形を早く作り上げることも大切ですが，型紙をやりとりする時に生まれるいろいろなメンバー間のストレスを互いに体験する事が大切なのです。

　まわりの状況より，まず自分の型紙を完成させることに没頭していないか，

自分の正方形は完成しても型紙は受け取ることがルールですから，また崩れてしまうこともあります。また，自分のできあがった型を崩すことで，他の誰かの正方形が完成することもあるのです。

まとめ

チームケアにおいてリーダーとなるまとめ役（サービス提供責任者）はチームで仕事をするという以下の7つの原則を忘れないでおきましょう。

① 個別化の原則：ホームヘルパー，一人ひとりは個人として尊重される
② 受容の原則：チーム全体の在りようは，ありのままに受け入れられる
③ 葛藤解決の原則：チーム内のすれ違いは（起きた問題や認識の違い等）はチーム間で解決する
④ 参加の原則：ホームヘルパーはチームの決定したプログラムに必ず参加する
⑤ 経験の原則：ホームヘルパーは他のヘルパーと同等の経験を行う
⑥ 制限の原則：チームでルールを決めた場合は必ず守る。ルールを変更するときも同じ
⑦ 継続評価の原則：チームの歩みや成長は定期的・継続的に確認される

ホームヘルパーのバイクは狙われている？
――駐車違反にご用心！

　派遣に至る調整業務の中で、忘れやすい事項に「訪問時のバイクの置き場に関するチェック項目」があります。サービス提供責任者は、生活状況や身体状況、既往症やキーパーソンの確認、本人と家族の意向の調整など、聴き取るばかりか、契約という大仕事もあります。実際の援助の詳細を詰める頃には、利用者もサービス提供責任者も疲れ果てていることが、少なくありません。曜日、時間、支援の内容がやっと決まると、本当にほっとして、やれやれ済んだと思いますが、現場のヘルパーにとって、平成18年の道路交通法改正で、厳しくなった駐車（バイク）の問題は深刻です。

　どのお宅にも、ガレージがあるとは限りません。自転車を置くスペースさえ、厳しいお宅も多いのです。サービス提供責任者は、最後に「ところで、訪問の際、バイクはどこに置かせていただくのがいいでしょうか？」と確かめておきたいものです。

- 遠慮なく、玄関に乗り上げて駐輪してください
- 自宅前はだめだけれど、隣の○○さんにお願いしておきます
- 角を曲がった△△ガレージの××番においてください
- ガレージを空けておきます

　など、いろいろな工夫が出てくるものです。警察署の駐車許可証の発行には手続きや規制が多く、ヘルパーに駐車許可証が発行される例は、ほとんどないのが現状です。なお、買物での駐車違反はヘルパーのもうひと手間で防げることがあります。

　まず、面倒がらずに駐輪場に駐輪すること、駐車場のあるスーパーで買物する、いっそのこと歩いて買物に行く、この場合もサービス提供責任者がていねいに利用者に説明して、理解を得る努力が必要でしょう。

第5章

事例研究の進め方

　事例研究は，ホームヘルパー個人が向き合い，乗り越えようとしているさまざまな課題を，自分だけの経験にとどめず，みんなで共有して，他者の経験や教訓を学びあいながら，共に学んでいくことが目的です。成功例ばかりでなく，失敗や反省，批判や評価も含めて，これからの業務にこの事例を通じて何かをつかみとってもらうことが大事なのです。
　ここでは，①ハーバード式事例，②インシデント・プロセス法　の2つの方式を例に挙げながら説明しています。難しい，困難事例だけがこの対象になることはありません。最初は，比較的やさしい成功例から始めるのも良い方法です。

事例研究とは何か

　事例研究とは，利用者の生活歴を知り，現在の状況を客観的に理解することによって，今後の援助の方向に役立てようというものです。もちろん利用者への適切な援助を目指して行うものですが，利用者の心理面や援助方針を検討する中で，同時に事例提供者（ホームヘルパー）をも援助するという側面を持っています。

　つまり，事例を発表し検討することは，単に今困っている問題の解決だけではなく，準備から発表までの過程の中で新たな問題を発見したり，参加者からの意見や知識によって，いろいろな視点からその問題を捉えることができます。また，事例発表の場において，研究者や学者のコメントやスーパービジョンを受けることができれば，それは実践の裏づけを得ることにもなります。

事例研究の意義

① ホームヘルプ活動の個別ケア・個別援助の具体的なあり方を考える
② 事例検討を通して，ホームヘルプ活動の意義と役割について考える
③ ヘルパーという「社会福祉の専門職」としての視点を増やし，視野を広げる
④ 具体的な事例から，生活問題について認識を深める

事例研究と事例検討の違い

　事例研究とは，文字通り事例そのものを見つめ，介護のプロとしてどのように利用者をとらえるか，課題は何かを見つける訓練です。したがって，利用者の情報から，限られた時間の中で何を取捨選択すべきかなど，アセスメントのノウハウを学ぶ良いチャンスとなります。

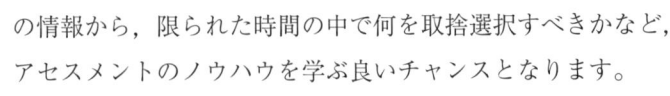

　事例検討はいわばケースカンファレンスで，その利用者にかかわるヘルパーがより良いケアを目指して，今困っていることや，目標を互いに共有して，確認しながら現場に活かしていくためのものです。

1　ハーバード式事例研究とは

　ハーバード大学を中心として提起された事例研究法であることからのネーミングです。
　終結した事例など，支援過程全体を理解した上で，事例提供者から提起された課題について，参加者が討議を展開し，課題の解決策を提示したり，支援の効果を評価するものです。

準　備

　ハーバード方式の事例研究では，知り得る限りの必要かつ的確な情報を，整理された形で参加者に提供することになります。ただ，記録を漠然と提供するのではなく，その事例の何が問題なのか，課題としているのは何なのか，などの論点を明確にすることが必要です。
　① 　ステップ1
　検討事例をピックアップします。ヘルパーの研修や養成を目的とするのであれば，参加者の力量（スキル）に沿った事例を選定する必要があります。
　② 　ステップ2
　事例の関係者（担当ヘルパー・ケアマネジャー・関係機関・スーパーバイザー）との打ち合わせをおこないます。
- タイトルの決定：発表の内容が想像できるような具体的なものにします
- 課題の引き出し：グループワークで話し合うテーマを決めます
- 所感・考察の依頼：何に気づき，何を学んだかを文章にまとめます（利用者への接し方，今後の活動への生かし方，など）

　③ 　ステップ3
　参加者に配布する資料を作成します。

- 利用者概要：年齢・性別・心身の状況・生活歴・援助内容など
- 提起した理由：概要を示し，参加者に発表の趣旨を理解してもらう
- 援助経過：経過記録などから抜粋して作成する。把握しやすいように時系列に

資料作成の準備として，以下の論点を明確にする過程で，すでに多くのことを学び気づき，解決の糸口を見つけることがあります。

- 援助経過記録，ヘルパー活動報告書を読む
- 関係する文献や制度を調べる
- 本人や援助者がどうありたいのか

たとえば，認知症高齢者の行動の意味が理解できず悩む時，「どう対応すればよいのか」をテーマに，事例発表するための資料を作成するとします。すると，記録の中から生まれ育った場所や時代背景，生活歴，職歴，家族関係などを再確認する過程で，援助困難な行動の背景が見え，その行動の意味が推測できる場合があります。

> **チェックポイント**
> ① なぜこの事例を取り上げようと考えたのか，目標はどこにあるか
> ② 事例の提示にあたり，充分な情報が提供されているか
> ③ どんな問題が発生し，その状況を充分に伝えているか
> ④ その問題を解決するためにどのような努力をしたか
> ⑤ その努力が正しい援助といえるか，他に方法はあったか
> ⑥ その援助を実践することにより，どのような結果が得られたか
> ⑦ その事例の展開により，どのようなことが発見でき，援助の課題として何が残り，目標は達成されたのか

【注意】個人情報の保護の観点から，氏名・生年月日（年齢）・ケアプラン・家族状況などは暗号化（記号化）するなど，特定の個人を選別できないような配慮が必要です。

第5章 事例研究の進め方

流　れ

合計2時間程度です。

以下，7段階にわけて行います。次頁以降の事例もあわせてみてください。

① 意義説明〜なぜ今回の事例を取り上げるのか？：5分
② 利用者の概要説明：5分
③ ホームヘルパーの訪問経過（活動記録から抜粋してもよい）：15分
④ 課題提示（活動上，ホームヘルパーが困っていることなど）：5分
⑤ 質疑応答：10分
⑥ グループワーク（問題解決のための方法の模索）：30分
⑦ グループ報告と意見交換：15分
⑧ スーパービジョン・まとめ：30分

ハーバード式事例
──介護者の拒否する意思が測れない，利用者の気持ちが見えない

フェイスシート

利 用 者：Mさん，86歳，男性，要介護5
身体状況：脳梗塞による右上下肢麻痺と廃用性症候群があり，寝たきり。日常生活すべてに介助を要する。認知症はないが，難聴のため大声でないとコミュニケーションが取りにくい（次頁の身体状況票参照）。
生 活 歴：80歳の妻との2人暮らし。
　　　　　長年，靴職人として働いてきた。性格は穏やかで，酒とタバコは好きだが，よく働く人であった。13年前に脳梗塞で倒れ，手足の麻痺のため仕事ができなくなり，生活保護を受給するようになった。子どもは3人いるが長男は生後まもなく病死。
住宅状況：築45年の一戸建であるが，1階のみでの生活となっている。買物は徒歩10分くらいにあるスーパーを利用している。
援助内容：訪問介護　週10回（月～金1日2回派遣）。午前は1時間30分（おむつ交換，家事援助）。午後は30分（おむつ交換，清拭）。月1回，介護タクシーでの通院介助。
他の社会資源：配食サービスを週3日（ただし1か月利用した後，中断した）。

援助経過

　脳梗塞による麻痺のため，寝たきりになったMさんを，80歳の妻が長年1人で介護をしてきた。妻が78歳の時，転倒して右腕を骨折した際も，入院せずに近くの開業医に通院して治そうとしたが，経過は芳しくなく入院して手術をすることとなった。その間，Mさんはショートステイを利用した。
　妻の退院後，次男が民生委員に相談して，ホームヘルパーを利用するように

第5章　事例研究の進め方

身体状況票

被保険者番号 ＊＊＊＊＊－＊＊＊＊＊	M　様	
生年月日　M・(T)・S　＊年＊月＊日（86歳）		(男)・女
介護認定（要介護5） （認定期間　H＊年＊月＊日～H＊年＊月＊日）	居宅介護支援事業所 ＊＊＊＊＊	＊＊＊＊＊CM

身体状況	視　力	細かい字はほとんど見えない	老眼鏡使用　(有)・無
	聴　力	耳元でないと聞こえない	補聴器使用　有・(無)
	言　葉	失語症のため，発語しにくい	
	コミュニケーション	はい，いいえ程度	

日常生活動作	歩　行	歩けない	
	外　出	通院時のみ。車椅子にて全介助	
	食　事	目の前にセッティングすれば，何とか自力摂取	(普通)・粥・刻み
	入　浴	介護力不足から，清拭のみとなっている	
	排　泄	常時オムツ（わずかに腰を上げることは可能）	
	更　衣	全介助　左上肢を袖に通すことは可能	
	服薬管理	妻がしている	

自立度	寝たきり度	正常・J1・J2・A1・A2・B1・B2・C1・(C2)
	認　知　度	正常・I・(IIa)・IIb・IIIa・IIIb・IV・M

受診状況	医療機関 　市立△△病院　（　脳血管　）科　　　○○ Dr 　頻度　　1回／月 　(通院)・往診　　一人で受診・(介助要)	その他の受診 なし

既往症	H＊＊年～高血圧症 H＊＊年1月～脳梗塞を発症し，6か月間入院。 後遺症として，右半身麻痺，失語症（軽度）・廃用性筋力低下	
	買物	自立・一部介助・(できない)	主な援助者は妻 又はヘルパー
	調理	自立・一部介助・(できない)	
	掃除	自立・一部介助・(できない)	
	洗濯	自立・一部介助・(できない)	
	近隣との関係	挨拶を交わす程度	
特記事項	生活保護受給（　＊＊　）cw	

なった。しかし2か月が経過して「毎日世話をしてくれるのはありがたいけど，近所がどんな風に見ているか分からないから」とMさんへのヘルパー派遣の中止を訴えてきた。そのときは2月で寒さも厳しく，妻の買物や食事作りも大変なので，午前のヘルパー派遣の代わりに配食サービスを加え，午後のヘルパー派遣は継続という形で納得してもらった。

　しかし，それから2か月ほど過ぎたころ，「味が薄くて美味しくないから，おじいちゃんが弁当を食べない，残るともったいないから要らない。ヘルパーも来なくてよい。自分でできる。おじいちゃんの病院は息子に頼む」と断りが入る。本当に大丈夫なのだろうかと心配しながらも，サービスは中止となってしまった。

　ところが2か月後，妻が腰痛を起こし，自宅の玄関先で動けなくなっているところを近所の人に発見される。妻は再び入院することとなった。その間，ケアマネジャーが中心になり妻の不在中のMさんの介護をどうするか，家族の方と今後の援助方法を協議し，夫は老人保健施設に入所することとなった。だが，妻の入院が長期にわたり，Mさんはそこにも長くいられず，別のショートステイを利用し，さらに別の老人保健施設に入所と，居場所を点々とすることになった。

　「人様に迷惑をかけるのは嫌い。お上の世話にもなりたくない。子どもたちの世話にもできればなりたくない」という強い決意で，支援の手を振り切る妻の気持ちはある程度理解できるものの，その気持ちは介護者である妻のものであり，介護されているMさんはどういう思いだったのだろうかと考えたとき，他にできる手段があったのではないか。

　けれども，ホームヘルパーとして妻に「あなたの考えは間違っています」とも言えなかった。

第5章　事例研究の進め方

提起した理由

　Mさんは寝たきり，介護者である妻も通院の必要な身体状況ということでホームヘルパー派遣が始まったが，「近所の人がどんな風に見ているか分からない」と妻が派遣を断ってきた。

　民生委員や，ホームヘルパー，ケアマネジャーも，2人の在宅生活を支えようとしたが，妻の納得を得ることができず，結局，Mさんは老人保健施設とショートステイを繰り返し利用することになり，最近では認知症状が重度化していると聞いている。

　今後，このような方に出会ったとき，ホームヘルパーはどのような関わり方をしていけばよいのか。

質疑応答

Q：妻はホームヘルパーが入るまでの長い間，食事やおむつ交換など，どのようにMさんを介護されていたのでしょう？

A：Mさんは寝たきりでしたが，褥瘡もなく，身体もきれいでした。妻は高齢ながらも熱心に介護され，それに対するプライドもあったと思います。ただ，「食べるものは栄養面を考えて」というより，Mさんの好きなウナギや刺身など，Mさんの好きなもの，手軽なものを食べさせているようでした。

Q：右腕骨折後の妻自身の通院はどのように行われていましたか？

A：最初は次男がタクシーで連れて行きましたが，次からはバスに乗って一人で通っていたようです。定期的に通院していたかどうかはわかりません。痛みは常にあったようですが，それをMさんやヘルパーに訴えることはありませんでした。

Q：息子たちとの関係はどうだったのですか？

A：次男，三男は同じ市内に住んでいますが，どちらも定職を持たず，特に三男は親の生活保護費を当てにしているところがありました。サラ金からも追われているようで，連絡を取ることも難しい状況でした。そのためか，Mさん夫婦はあまり子どものことは話したがりませんでした。

Q：妻の拒否はどのようなものでしたか？
A：ヘルパーが訪問すると，毎回「そんなこと，頼んだ憶えはない」と言われ，活動中はほとんど会話のない状態でした。コミュニケーションをとろうと話しかけたら，「むだ口をたたいてるなら，早く帰って」と怒鳴られたこともあります。

　調理でも，妻が包丁を使えないだろうと下ごしらえを申し出ても「あんたの作ったものが，おじいちゃんの口に合うはずがない」の一言。オムツの当て方をアドバイスしても聞き入れてもらえず，とにかく人の意見を受け入れてくれませんでした。

スーパービジョン

　ホームヘルパーはコミュニケーション技術を用いて利用者の心に沿った援助を行い，自立支援を目指しますが，実際の現場では教科書どおりには行きません。援助を受ける側の気持ちと，する側の思いがかみ合わないことも多いのです。

　この事例でも，ホームヘルパーをはじめ，他のサービスやケアマネジャーがMさん夫婦のために関わってきたことがわかりますが，妻の気持ちになかなか踏み入れることができなかったのはどうしてでしょうか。

　ここには，家に他人を入れることへの「抵抗感」と，「介護は家族でするもの」という日本古来の「倫理観」があります。1日2回のヘルパー訪問や配食サービスは助かりはするけれど，素直に喜べない心の葛藤があります。

　「誰にも頼りたくない」という妻の気持ちの背後には，お金を当てに来る子どもたちへの複雑な思いや，「生活保護を受けている」ということで世間への気兼ねがあったのでしょう。だからこそ，夫の介護や家事を自分ひとりで背負っていこうという気負いがあり，妥協しないということで妻の心が支えられていたともいえます。ヘルパーもそれを察していたからこそ，もう一歩踏み込めなかったのですが……。

　結果，福祉に関わる者として「もっとできることがなかったか」と悩み，な

ぜ妻は夫のために，私たちの勧める良い方法を受け入れてくれないのかと批判的にもなりがちです。でも，専門職としての役割の追求は援助者の満足であってはいけません。

　何がMさんを幸せにするのか，さまざまな選択肢の中で，ホームヘルパーとしてできることを示せること，それが求められる力量です。

援助のヒント

　①　妻の気持ちを楽にし，「今まで十分にがんばってきたのだから，少しは人に頼ってもいいのじゃないかしら。2人がこの家で少しでも長く生活できる方法を一緒に考えましょう」というような言葉かけなどを行ってみましょう。拒否があるからこそ，時間をかけ，妻の変化を待つホームヘルパーの心のゆとりも必要です。返事をしない行動の裏で，妻はホームヘルパーの言葉を必死になって聞いているはずです。

　②　子どもたちを，ケアの担い手に位置づけましょう。子どもたちはMさん夫婦にとって信頼できない状況ですが，親子としてのかかわりは何よりMさんたちを力づけます。お金でなく，精神的な支え，介護の主体としての役割を示してあげることで，子どもたちの心も前向きになるでしょう。

　③　自己決定は最優先ですが，そのために利用者を守る視点が曖昧になってしまってはいけません。基本は利用者の安全・健康・人権・幸福です。適切な情報提供の上で，妻が適切な決定ができるように働きかけましょう。

　契約・自己決定の中で真のニーズを見落とさないこと，課題に真正面から向き合うこと。このように，ヘルパーとして自分の援助を振り返る姿勢が，専門職への道へとつながっていくのだと思います。

② インシデント・プロセス法とは

　事例提供者の短い抽象的なインシデント（出来事）を基にして参加者が質問によって事例の概要を明らかにし，原因と対策を考えていくものです。参加するヘルパーはハーバード式事例のように，全体が把握できませんので，質問することで背景や課題を探り，情報を集めていくことになります。何が必要な情報なのか，これも考えながら同時に問題を明らかにしていく方法です。

特　長
　インシデント・プロセス法の特長は，以下5つです。
① 　グループ討議を中心とする。
② 　事例の資料が少なくてすむので，事例提供者の負担が少なく，現在進行中の問題に対して，対応策を立てやすい（過去の事例でも可）。
③ 　参加者は，自分で情報を求め，問題を整理し組み立てていくので，主体的，積極的な研修ができる。
④ 　質疑応答は事例の事実について行われるので，事例提供者の対応に対しては批判的になりにくく，事例提供者の心理的な負担が少ない。
⑤ 　参加者が，事例研究の過程を通して相互理解や共感性を高めあい，人間関係作りが図られる。
　また，事例提供者には，気づきを促すことができ，参加者には，以下3つの力を高めることができます。
① 　短時間に必要な情報を正確に収集する→情報収集能力
② 　情報を分析して問題の核心を突き止める→情報分析能力（アセスメント能力）
③ 　的確な意思決定をする→意思決定能力（判断能力）

第5章 事例研究の進め方

準 備

提示用事例については，経過は記載せず「いつ」「どこで」「どんな問題が起きたのか」という事実や問題の状況の概要をＡ４判３分の２程度にまとめたものを用意します。インシデント・プロセスによる事例研究の意義及び目的を説明し，進め方（以降「流れ」参照），時間配分，ルール（以下４つ）などを確認します。

① 事例提供者を非難したり，努力の不足を指摘することはしない
② 事例提供者は，事実だけをありのままに述べる
③ 参加者は，事実に関する質問をする
④ 時間厳守。司会者はタイムキーパー役をつとめ，時間オーバーの発言をストップする

ここでは，ハーバード式事例で紹介したものと同じ事例を用いてどのように，違うのか，試みました。

チェックポイント
① 必要な情報を質問などから収集します
② グループ討議の場と，全体討議の場を設けます
③ 事例提供者は，検討して欲しいことを明らかにします

インシデント・プロセス法事例
──介護者の拒否する意見が測れない，利用者の気持ちが見えない

ステップ1　事例提示 （全体時間：5分）

　まず，事例を配って参加者によく読んでもらいます。

　検討して欲しいことは，ヘルパーとして何かできるのだろうか，連携の取り方はよかったのか，の2点です。

　脳梗塞による麻痺のため，寝たきりになったMさんを，80歳の妻が長年一人で介護をしてきた。妻が78歳の時，転倒して右腕を骨折した際も，最初通院して治そうとしたが結局，入院・手術となった。

　その間，Mさんはショートステイを利用した。妻の退院後，家族が民生委員に相談して，ホームヘルパーを利用するようになった。しかし2か月が経過して妻よりホームヘルパー派遣の中止を訴えてきた。

　ヘルパー派遣の代わりに配食サービスを加え，なんとかホームヘルパー派遣を継続したが，やがて配食弁当も要らない，ヘルパーも来なくてよい，自分でできる。おじいちゃんの病院は息子に頼むからと断りが入る。心配しながらも，サービスは中止となってしまった。

　「人様に迷惑をかけるのは嫌い。お上の世話にもなりたくない。子どもたちの世話にもできればなりたくない」という強い決意で，支援の手を振り切る妻の気持ちは理解できるものの，その気持ちは介護者である妻のものであり，介護されているMさんはどういう思いだったのだろうか。他にできる手段があったのではないか。

ステップ2　質問の整理 （グループ討議：15分）

　「このインシデントだけでは簡単すぎて，事実関係がよくわからないと思います。皆さんが問題を解決するために必要と思われる状況や事実については，

私が知っている限りお答えしますので，グループでどのような質問が必要か検討してください」

　必要な情報を得て事例の問題点を理解するために，質問事項を話し合います（生活歴・ADL・病歴・住環境・経済面・家族関係・社会交流・精神状況などの質問が考えられる）。

　質問事項を決めるときには，次の点に気をつけることが大切です。
- 事実を問う質問を準備する
- 質問の意図を明確にし，簡潔にまとめる
- 質問事項の重複を避ける
- 2つの要素を含む質問をしないようにする（例：訪問日数と性格など）

ステップ3　質問事項の発表　（全体討議：15分）

「これから15分間，私に質問することによって情報を集めてください。

　なお，時間を有効に使っていただくため，一度答えた質問に対しては再度答えることはしません」
- グループの代表者が質問する
- 事例提供者は，事実を簡潔に回答する
- 質問事項を発表し，事例提供者からの回答を得て，問題点を理解します

　進行のポイントとしては，司会者は各グループの質問が重ならないようにし，経過時間を考慮しながら，適宜，話題の転換を促し，事例の全体像を把握できるように進行します。

【質疑応答の実際例】
Q：最初，ヘルパーの派遣体制は？
A：家族の希望で午前1回，午後1回です。
Q：1日に何時間，活動していましたか？

必要な情報を整理するための用紙記入例

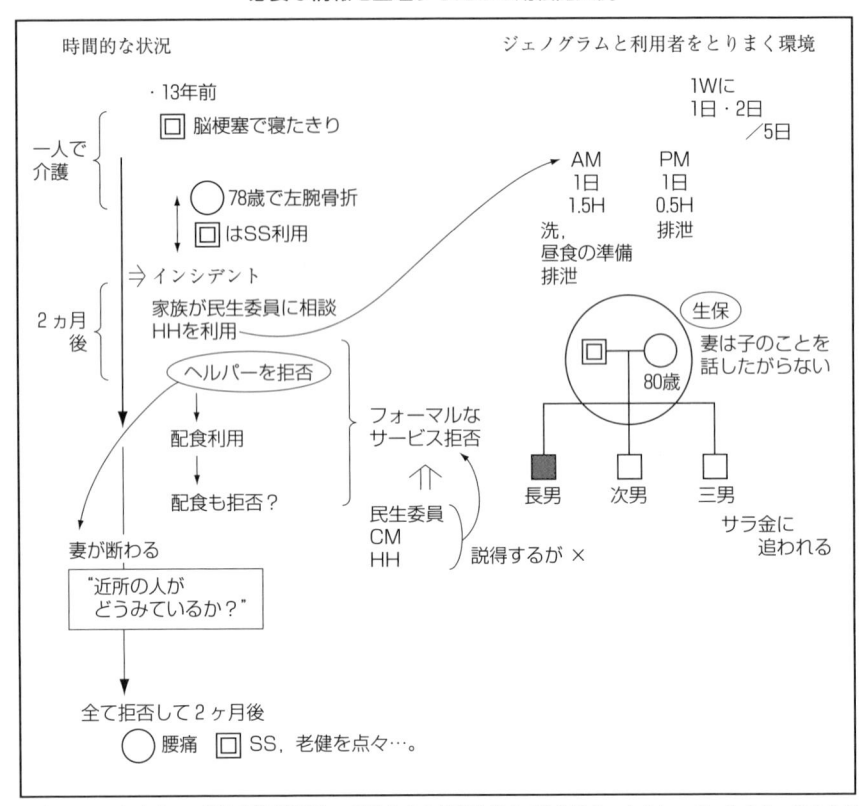

```
時間的な状況                          ジェノグラムと利用者をとりまく環境

          ・13年前                         1Wに
一人で   □ 脳梗塞で寝たきり              1日・2日
介護                                        /5日
          ○ 78歳で左腕骨折          AM      PM
          □はSS利用                 1日      1日
                                    1.5H    0.5H
        ⇒ インシデント             洗,     排泄
2ヵ月     家族が民生委員に相談     昼食の準備
後        HHを利用                  排泄
                                              生保
       ヘルパーを拒否               ┌──┐  妻は子のことを
                          フォーマルな│□ ○│  話したがらない
          配食利用        サービス拒否│ 80歳│
                                    └┬─┘
          配食も拒否？       ↑     ┌──┼──┐
                          民生委員  ■    □    □
 妻が断わる                  CM    長男  次男  三男
                            HH   説得するが×         サラ金に
"近所の人が                                            追われる
 どうみているか？"

  全て拒否して2ヶ月後
     ○ 腰痛   □ SS, 老健を点々…。
```

＊インシデント方式での資料応答は簡素に。聴きとりの情報を集めて全体像をつかみとっていきます。他の人が聴いた有効な情報を書き入れていきます。

A：午前1時間半，午後30分です。

Q：サービス内容は？

A：午前が洗濯・昼食の準備と排泄介助，午後は排泄介助です。

Q：家族の協力はありましたか？

A：もともと疎遠な家族関係で，ほとんどありませんが通院などには協力が得られます。

Q：なぜ，ヘルパーの訪問を拒否されたのですか？

A：「近所の人がどんな風に見ているか分からない」と妻が派遣を断ってきた。

Q：周りのかたがたは，サービスの継続を説得されたのですか？
A：民生委員や，ヘルパー，ケアマネジャーも，説得し，2人の在宅生活を支えようとしましたが，妻の納得を得ることができず，派遣中止になりました。

　ここで，参加者全員の事例に対する認識を統一します。

　「皆さんが必要とする情報はすべて提供しましたので，事例の概要をつかんでいただけたと思います。ここでどなたか事例の概要をまとめて話してください」（自発的な挙手を待っても良いし，参加者の誰かを指名してもよい）。

ステップ4　解決プランの検討

（個人での討議：5分→グループでの検討：15分）

　「事例の概要はお分かりになったと思います。皆さんはこの事例における問題解決責任者です。この時点において解決しなければならないことは何でしょうか？」

　参加者が個別の問題についての解決策を検討し，自ら最善と考えられる解決策を決め，個々にその解決策と，これを取った理由を記録用紙に記入します。
- 問題点を明確にし，発生要因や背景を探る
- どうすれば解決できるのか検討する
- グループの全員が発言できるようにする
- 検討されたことを記録する

　ここでグループでの検討に入り，個々の解決策と，それを選んだ理由を順次発表します。参加者の中から司会者を決め，司会者によりグループとしての最善の解決策を決定し，その理由をまとめます。

　一人ひとりの問題のとらえ方の違いを大切にし，事例の問題点や問題行動の発生要因，背景，解決方法を各グループで検討します。
- 個々の解決策と，それを選んだ理由を順次発表する。
- 参加者の中から司会者を決め，司会者によりグループとしての最善の解決策を決定し，その理由をまとめます。

インシデント・プロセスによる事例検討会記録用紙

情報の収集（質問）

- ☐ 身体面　細かい文字は，ほとんど読めない　耳元でないと聞こえない
  　　　　　失語症　はい，いいえ程度の会話はできる　最近は認知症がでてきた
- ☐ 精神面　人の世話になりたくないという妻に介護をしてもらっている　本人の意思ははっきりとわからない
- ☐ 住環境　古い家（築45年）　2階建てだが1階で生活
- ☐ 経済面　生活保護を受けている
- ☐ 社会交流　近所を気にしている
- ☐ 社会資源　ヘルパーも最初利用されたが，訪問拒否で中止
  　　　　　　夫は介護者・妻の体調不良で，老人保健施設とショートステイを繰り返している。
- ☐ その他

何が問題か・その原因は？

- 家族の協力が得られない
- 他人の目，近所の目を大変気にされる
- 他者の支援を受け入れられない
- 本人より，介護者に対する援助が不十分

自分ならこうする（具体案）

- 利用者とともに，介護者である妻に対してまず，共感する姿勢が大切だったのでは
- ご夫婦の本当にしてほしかったことをききとれなかったので，残念
- 家族さんとの数少ない出会いのチャンスを活かせたかった
- 民生委員などとの連携の不足

第5章　事例研究の進め方

ステップ5　解決プランの発表　（全体討議：15分）

　全体討議では，各グループの解決プランの発表を行い，その後それぞれのプランに対する質問を受けます。司会者は，解決プランに関わる意見を求めますが，このとき参加者一人ひとりの意見を尊重することが大切です。
- 各グループの代表者は，グループで検討した事項を集約して発表する
- 前のグループの発表内容と重複しないようにする

　サービス提供責任者1人だけで努力することには限界があり，より良い指導方法を見出せないこともあります。しかし，参加者が連携し，考えを出し合うことによって指導の糸口が見えてくることは多いものです。

　グループとしての解決策やその理由には相違があるので，グループ間でその違いの背景を明らかにするために質疑や討議を行い，問題解決についての理解を深めます。司会者は，全体討議の解決プランがまとまった段階で，事例研究における主な討議が終了したことを告げます。

【解決プランに関わる主な意見】

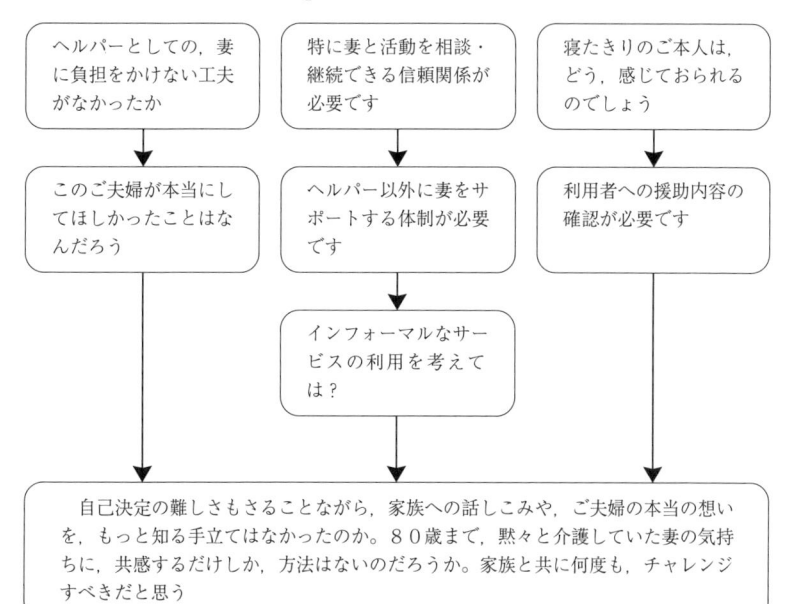

```
┌──────────────┐  ┌──────────────┐  ┌──────────────┐
│ヘルパーとしての，妻│  │特に妻と活動を相談・│  │寝たきりのご本人は，│
│に負担をかけない工夫│  │継続できる信頼関係が│  │どう，感じておられる│
│がなかったか    │  │必要です      │  │のでしょう     │
└──────┬───────┘  └──────┬───────┘  └──────┬───────┘
       ↓                 ↓                 ↓
┌──────────────┐  ┌──────────────┐  ┌──────────────┐
│このご夫婦が本当にし│  │ヘルパー以外に妻をサ│  │利用者への援助内容の│
│てほしかったことはな│  │ポートする体制が必要│  │確認が必要です   │
│んだろう      │  │です        │  │          │
└──────────────┘  └──────┬───────┘  └──────────────┘
                           ↓
                    ┌──────────────┐
                    │インフォーマルなサー│
                    │ビスの利用を考えて │
                    │は？        │
                    └──────────────┘
```

┌───┐
│　自己決定の難しさもさることながら，家族への話しこみや，ご夫婦の本当の想い│
│を，もっと知る手立てはなかったのか。80歳まで，黙々と介護していた妻の気持│
│ちに，共感するだけしか，方法はないのだろうか。家族と共に何度も，チャレンジ│
│すべきだと思う   │
└───┘

ステップ6　実際の解決と経過の発表　（全体討議：5分）

　事例提供者の実践報告を行います。

　事例提示者はインシデントに関する事実背景のうち，質問されなかったため提示していない情報を明らかにし，これを含めた事例の概要と，発表者が実際に取った解決策を説明します（実施した解決策であって，それが正しい選択であったかどうかという点は別の問題）。

　情報の質と量の違いによって問題の解決策は異なってくること，同じ情報の元でもその評価の違いによって問題の解決策は異なってくることを認識します。

　司会者は，事例提供者の労をねぎらい，スーパーバイザーに助言を求めます。

　事例提供者が最初に説明していなかった指導経過と現在の活動の状況を簡潔に発表すると共に，今後の指導方針について話します。

【その後の事例：事例提供者からの話】

　ところが2か月後，妻が腰痛を起こし，自宅の玄関先で動けなくなっているところを近所の人に発見される。妻は再び入院することとなった。その間，ケアマネジャーが中心になり妻の不在中のMさんの介護をどうするか，家族の方と今後の援助方法を協議し，夫は老人保健施設に入所することとなった。だが，妻の入院が長期にわたり，Mさんはそこにも長くいられず，別のショートステイを利用し，さらに別の老人保健施設に入所と，居場所を点々とすることになった。

　子どもたちの世話にもできればなりたくないという強い決意で，支援の手を振り切る妻の気持ちはある程度理解できるものの，その気持ちは介護者である妻のものであり，介護されているMさんはどういう思いだったのだろうかと考えたとき，他にできる手段があったのではないか。

　けれども，ホームヘルパーとして妻に「あなたの考えは間違っています。」とも言えなかった。結局，Mさんは老人保健施設とショートステイを繰り返し利用することになり，最近では認知症状が重度化していると聞いている。

　決して，成功した事例ではなく，もっとこうすれば，あの時ああ言えばと，想いが残りますが，今日の皆さんの話を得て，今後の業務に生かしたいと思っ

ています。ありがとうございました。

ステップ7　まとめ　（全体討議：10分）

　助言者が事例研究のまとめ（スーパーバイズ）をします。
　参加者の留意点としては，事例に対する見方や考え方を広げ，指導・援助の具体策の展開について構想します。また，研究の過程全体を振り返り，事例の内容や討議の結論を一般化します。
　インシデント・プロセスはあくまで事例研究のひとつの方法です。この方法に固執することなく，各事例に応じて研修することが大切です。事例研究の一般的な留意点には，次のようなものがあります。
- 事例に即して発言する
- 結論を急がない
- 意見の違いを大切にする
- 事例提供者を責めない
- 秘密を守る

　すべての話し合いが終わった後で，研修を振り返って役立てたい教訓などを見つけ出す作業をします。下記①〜③についてまとめてみましょう。
　①　同じような問題を起こさないためには（予防）
　②　なにか，今できることはないか
　③　今日の話し合いで印象に残ったこと

第6章

チームのリーダーとしての実務

　この章では，サービス提供責任者がチームのリーダーとして行うべき実務的な仕事の進め方をまとめました。具体的には，以下の5つの実務についてのホームヘルパーへの指導方法，会議の進め方など，できるだけ具体的な方法を，マニュアル化してみました。
　各々事業所によって，たとえば記録の書き方も，独自の方法と工夫があり，これが正しいと言う方法はありませんが，基本的な約束事，考え方をできるだけやさしくまとめてみました。
　それぞれ，ここに記載した方法を元に，あなたの所属する事務所にふさわしいマニュアルに仕上げてほしいと思います。

① 記録について

▒ 記録とは？

「質」のよいサービスを提供していくためには，利用者をより深く理解することがまず，前提条件になります。チームケアといっても，現場では1対1の業務です。この中で，ヘルパーの気づきが，実際にタイムリーで，的を得たよいケアにつながることは，よく経験することです。

この場合にも，気づきを「点」で終らせず，「線」にし，サービスという「面」として組み上げる基本となるのがよい記録です。よい訪問記録の書き方を指導していくことはサービス提供責任者の大切な業務の一環であると言えます。ここでは，以下5点について，これらをカリキュラムとして，利用できるように研修・演習できるように，まとめました。

① 記録の目的
② 記録の内容
③ 業務としての記録の書き方
④ 記入時の留意点
⑤ 個人情報と記録

▒ 記録の目的

記録を書く，利用者のケアの歩みを記入する目的は大きく5つあります。まず，この点をチームのヘルパーに徹底して理解してもらう必要があります。記録は形に残る業務です。しかし，これを言い換えれば，記録のない業務は，業務を行っていないのと同じなのです。記録の大切さを，くり返し伝えることを徹底しましょう。

① 利用者の個別理解を深める

概要・とりまく環境・生活上の問題など,「独自の個性・生活・課題」が理解できる。もっと身近で,やさしく言えば「利用者の好きなもの,嫌いなもの」これも,記録をとるから,わかってくることです。

② 援助の方針を決めるため

①とも関係が深いことですが,サービスの内容が,利用者の生活の向上になっているか,今のままのサービスで,不都合はないか,満足しているかなど,記録された事実や過去の経過から援助の方針が導き出されます。この記録の積み重ねが訪問介護計画に反映されていくのです。

③ 実践の確かな証拠として,また援助の適正さを証拠立てるもの

このように業務を行ったとその内容を上司(サービス提供責任者)に報告することで,業務がどのように行われたかの「証」となります。

外部からの批判,間違った情報や誤解に対しても正しい記録を示すことで業務にたずさわったヘルパーを守り,しいては組織を守ることにも通じるのです。さらに,第三者に,援助の適正さを理解してもらうためにも記録が必要です。

④ 組織の運営・管理の維持・向上のため

担当者の交代や不在時の適切な判断も,記録が必要です。また,組織の制度の現状や課題,改善などにも,現場での記録が役に立ちます。

⑤ 教育・研修に役立てる

チームや事業所で共有したい派遣業務や事例の研修など,チームの資質アップに記録は必要です。

記録の内容

どのような内容で記録を書けばよいのでしょうか,記録の様式は事業所によってさまざまです。また,チームを束ねるサービス提供責任者とチームのホームヘルパーによって,様式の違う記録を用いている事業所もあることと思います。

記録の内容は多岐に渡りますが,以下のように2つのカテゴリーで分けると

わかりやすいでしょう。
　① 利用者について
- 体調（身体状況）・表情・雰囲気・具体的な言動など
- 最近のくらしぶり
- ヘルパーへのサービス内容の希望・要求・訴えなど
- 生活上の問題
- 対応に困っていること
- その他（例：悪徳商法，訪問者など）

　② サービス提供責任者・ヘルパーの視点
- 利用者のニーズにどう応えたか
- 援助の見直しが必要か，どうケアマネジャーにつなぐか（見直しの評価）
- 関係機関との連携の経過
- ヘルパーへの留意点・伝達事項
- モニタリングの経過
- ヘルパー調整の記録
- その他，近隣者との記録すべきこと
- 所感

　記録の形式，様式は事業所によって違います。でも，行政指導の対象にもなりやすいものです。事業所全体の取り組みとして，よい記録を残す努力を行いたいものです。

業務としての記録の書き方

　ホームヘルパーの訪問記録の中で，ホームヘルパーの活動日記のような記載になっているものが多く見受けられます。経験の長いヘルパーの場合，訪問そのものが「作業」のようになってしまい，個々の活動の目的や目標などを見失ってしまうことになりがちです。

　また，訪問記録では，ホームヘルパー個人の感想は記入する必要はありません。以下にヘルパーの記録例を挙げて指導のポイントを紹介していきます。

第6章 チームのリーダーとしての実務

① 誤った記入例（1）

「訪問すると，今日は暑いとおっしゃっていました。私としては，それほど暑いようには感じませんでしたが。そのためかお食事量が少なくなっています。ご本人によると，風邪気味とのことでお薬を飲みたいとのことでしたが，今日のところは服薬してもらっていません」

上記，記入例の下線部について，「私としては，それほど……」の部分は，ホームヘルパー個人の感想ですので不必要です。また，暑いとおっしゃっていたのは誰なのかがはっきりしません。また，「服薬してもらっていません」の部分では，なぜ服薬してもらっていないのかが不明瞭で，ホームヘルパーの個人的な判断で服薬してもらっていないような印象を与えてしまいます。もう少し，普段の利用者との違いや変化も併せて記載できていると良い記録になるのではないでしょうか？

② 誤った記入例（2）

「普段とお変わりなくお元気な様子でいつもと変わりありません……」

上記のような記入例やいつもと変わりがないので記録を省略することはしていませんか？　これでは，普段の状態がわからない読み手としては不明なことが多い記録となります。

いつもと変わりがないから記録を省略するということはヘルパー活動をしていないのと同様のことになります。

記録の必要性のところでも記載していますが，訪問記録とは，「適切なサービスを継続していくため」「事故・トラブルがあった際に仕事の証しとして」「証しを残しながら，ホームヘルパー自身の成長や利用者の変化が感じられるもの」でなくてはいけません。

ヘルパー活動は，ケアマネジャーのケアプランや訪問介護計画書に連動するもの，その訪問記録も同様に連動する内容でなくてはいけません。よく言われ

ることですが,「PLAN（計画）」「DO（実施）」「CHECK（点検・評価）」「ACTION（修正）」の考えに則って,ホームヘルパーが活動に従事していくようにしなければなりません。そういう意味では,訪問記録は,ホームヘルパー自身の活動の「履歴」なのです。

　ここで大切になるのは,ホームヘルパー自身にしっかりと利用者を「観察する眼」を持ってもらうことです。ただ単に「見る」だけなら,簡単なことかもしれませんが,「観察する」ということは,表面的に観えることだけでなく,客観的に事象を捉えることです。ホームヘルパーは,利用者の身近な存在として活動していく訳ですから,利用者の変化（体調面や要望等）を的確に,リアルに捉えることができる唯一の職種であると言えます。

　こういう視点で他の専門職に伝えていけるのはホームヘルパーの強みであり,そこに記録の重要性があるのです。その記録等から隠れたニーズが掘り起こされ,ケアプランに反映されていくことは,結果としてケアマネジメントの一翼を担っていることになるのです。

記録の表記・表現のルール

　記録を書くにあたっては,表記のルールを覚えましょう。
　以下はその一例です。事業所ごとに表現が違うことが多いので,所属する事業所のルールを知りましょう。同じ事務所内では,どのチームでも同じルールで記録を記入するのが原則です。
　また,略語も事業所ごとにルールがあると思います。一例を示します（表6-1）。
　① 年月日のルール例
- 経過記録は西暦表記を原則とする→コンピュータ入力も西暦表記が多いため
- 利用者と交わす契約等では,元号を使用します
- 一部,保険証など元号表記があるので,これに対応する項目では,パソコンでも元号で入力する場合があります

表6-1　略語の一例

語句・用語など	略語	語句・用語など	略語
ホームヘルパー	HH	保健所	HC
ケアマネージャー	CM	保健師	PHN
ケースワーカー	CW	医療・ソーシャルワーカー	MSW
看護師	Ns	病院	HP
医師	Dr	デイケア	DC
日常生活動作	ADL	理学療養士	PT
生活の質	QOL	作業療養士	OT
デイサービス	DS	言語聴覚士	ST
ショートステイ	SS	ポータブルトイレ	P/T
福祉事務所	WO		

② 敬称・呼称のルール例

- 記録は客観的なもの。敬称はいりません。しかし，情報開示で不快を感じさせる表現は控えます
- 1つの経過記録の中で，さん，様，氏など入り乱れると，人間関係が分かりにくくなります。統一を心がけましょう
- その他，表6-2を参照

③ 筆記具は黒，消せないペン

　鉛筆や消せるボールペンなどは使用しません。訂正は線を引き，訂正印を捺印します。文章の挿入も訂正印を押します。改ざんを防ぐものです。

④ 直筆サインを忘れずに

　誰が書いたか責任所在を明らかにします。

⑤ である調が基本

　です，ます調ではなく，である調で。

表6-2 敬称・呼吸のルール例

本　人	ご利用者，ご本人，○○様，○○さんなど ×ご利用者様（重ね言葉は使わない）
本人からみた姻戚で表記	配偶者＝妻，妻○○さん，夫，夫△△さんなど ×1つの経過記録の中では統一した表記が望ましい 子＝息子，娘，息子○○さん，孫○○さんなど，名前もいれる（第何子か分かれば，長女，次男等） ×名前表記のみは，子の配偶者なのか，孫なのか，介護者なのか分からないので気をつける
関係機関	事業所名や肩書きを記入する 例：居宅Ａケアマネジャー ○○訪問介護：Ｂ看護師 ○○デイサービス：Ｃ相談員
５Ｗ１Ｈを意識	いつ　　When：西暦表記 どこで　Where：ご本人宅，○○デイサービスにてなど だれが　Who：事業所名・肩書きを忘れずに なにを　What：記録の目的を記入 なぜ　　Why：経過を簡素に いかに　How：結果

2 カンファレンスの進め方

▨ カンファレンスとは？

　ホームヘルパーの業務を進めていく中で，ケアプランや訪問介護計画の変更などが行なわれます。その際に関係する各関係機関が集まって意見を反映させていくのがカンファレンスです。ここでは，サービス提供責任者として活動に入っているホームヘルパーを一同に集めて，個々の利用者の情報共有や活動の流れの確認などを行なう場として，その開催の手順をまとめました。カンファレンスとは会議の一つであり，利用者のことを何気なく話し合って終了というものではないことを念頭に置いてください。

▨ カンファレンスの目的

　カンファレンスの目的は2つあります。
　① 利用者によりよいサービスを提供していくためのもの
　困っていること，課題の多い場合も，最終的な目的はよりよいサービスを提供していくことにあります。
　② 活動に入っているヘルパー個人のスキルアップのためのもの
　カンファレンス参加者で利用者のケアの手順，方法，留意点などを確認しあい，援助内容に対して，しっかり共通認識を持てるようにすることも重要なことです。

▨ カンファレンスの準備

　① 利用者の選定の準備
　カンファレンスを行なう利用者の選定をします。基本的には，業務の中で課題のある方，多数のホームヘルパーが係わっている利用者で援助内容の統一や

援助の流れの確認する必要がある方などです。

カンファレンス開催の際には，資料を用意し，必要に応じて訪問介護計画書なども用意しましょう。

② 参加者の準備（参加者の心構え）

ここでは，参加するヘルパー自身が，カンファレンスを行なう利用者の活動内容のこと等についてある程度，自分なりの印象や感想を持っておく必要があります。

③ 会場の準備

言うまでもないことですが，カンファレンスでは，個人情報が飛び交うことになる訳ですから，しっかりと機密性のある会議室等での開催が望ましいといえます。

④ 事前情報を整理する

派遣回数が多い，関わるホームヘルパーが多い場合，カンファレンスの内容と課題について，あらかじめ各々のホームヘルパーに考えをまとめてもらって，参加を依頼します。

たとえば，困っていること，ケアで工夫していること，他のメンバーに聞きたい事，相談して確認したいことなど，いくつかのポイントについて聞いておくと，時間を有効に使えます。

▌ カンファレンスの開催

① 役割分担を決める

サービス提供責任者が，司会を務めることになりますが，書記は，参加者の中で記録の得意なホームヘルパーがいれば，その方にお願いするようにします。

また，初対面のホームヘルパーが参加している時には，開始前に自己紹介をすると，お互いに話しやすくなりカンファレンスがスムーズに進めることができます。

② 司会者（サービス提供責任者）の挨拶

開催にあたり，司会者がまず挨拶し，カンファレンスの目的などを伝えます。

第6章　チームのリーダーとしての実務

その際には終了時間の目安も提示しておくとカンファレンスの参加者も意識しやすいでしょう。

③　利用者の概要や目的を伝える

資料を配布し，利用者の概要と目的を伝えます。その際，わかりやすい言葉（話し言葉）で伝えるようにするといいでしょう。参加している個々のホームヘルパーとカンファレンスの目的等を共通認識できるようにしましょう。

④　参加者からの報告

各ヘルパーからの現状報告を含めての報告を発表してもらいます。その中で個々のヘルパー自身が困っていることやこれから解消すべき課題が浮かび上がってくることもしばしばです。その浮かび上がってきた課題も含めてカンファレンスで検討していくようにしていきます。

必ず，参加者全員が発言できるように配慮する必要があります。一言も発言しないヘルパーがいれば，意識的に声掛けをし，発言するように促してください。

⑤　課題の明確化

各ヘルパーからの報告を受けて，現状の課題をはっきりさせてカンファレンスを進めていく必要があります。また，当初のカンファレンスの目的である確認事項などもきちっと確認していく必要があります。課題等が明確化されることで参加しているホームヘルパーもはっきりと認識しカンファレンスに参加することができます。課題は一つとは限りません。複数ある場合が常です。

⑥　課題の検討

課題が明らかになったら，その課題の要因や背景について検討していきます。課題を検討していく中で，カンファレンス参加者全員で課題を共有化していくことができるのです。

⑦　優先事項等の確認

課題を検討していく中で，解決していく必要のある課題が複数ある場合には，優先的に対応すべき課題などを確認していくようにします。課題が複数ある場合には優先順位をつけると今後の対応がしやすいでしょう。優先順位のつけ方

は，緊急性が高いものや利用者本人からの意向があるものを優先していきます。
　⑧　まとめ
　最後に，カンファレンスの結論（確認し合った援助目標や内容）を整理し，参加者全員で確認します。個人情報の秘密保持の原則を遵守しつつ，結論をコピーして全員（欠席者も含めて）に配布するようにします。そうすることで視覚的にも訴えることができ，また後日にも確認がしやすくなるためにカンファレンスでの決定事項が実行される可能性が高くなります。

▌カンファレンス終了後の留意点
　カンファレンス後で大切なことは，カンファレンスで決まった結論がしっかり実行されているかということです。カンファレンスにどれだけ時間を費やしても実行されなければ，カンファレンスが無駄になってしまいます。そういう意味では，カンファレンスの後こそが本番なのです。
　また，カンファレンスではホームヘルパーがたくさん参加します。その参加者が共有できるような結論への道筋が大切です。サービス提供責任者としては，参加者全員が主体的に参加でき，自由に発言できるようなカンファレンスの雰囲気を作っていくことが重要です。
　もちろんカンファレンス後，それを受けて新しい訪問介護計画を作成すれば，利用者はもとより，ケアマネジャーなど連携している関係者にも，ホームヘルパーの業務の内容の変更を報告することを忘れてはいけません。

第6章　チームのリーダーとしての実務

3　ヘルパー会議

■ ヘルパー会議とは？

　私たちの法人は組織の発足以来，20年余を経ています。訪問介護サービスを継続できた一番大きな要因は，ホームヘルパーの自身の資質向上，ホームヘルパー同士の交流，情報交換，問題や悩みなどの解消の場として，ヘルパー会議を重要な会議として位置づけて，継続したホームヘルパーの育成に力を注いできたからだと自負しています。

　開催の頻度は，2か月に1回，開催時間は，2時間程度が目安です。

　ここでは直行直帰型のホームヘルパーに対しての会議のあり方についてふれます。日程はなるべく多くのホームヘルパーには出席できるよう，配慮しましょう。どうしても活動と開催時間が重なってしまう場合には，後日，会議の資料を手渡せるように準備をしておくことも大切なことです。

■ ヘルパー会議の開催に向けて

① 企画・立案

　基本的には，ヘルパーの資質向上に寄与するような内容を検討します。講義形式ばかりの会議だと，面白味もなくなりますので，企画する際には実技等の実際に身体を動かすような内容も盛り込んだ方がよいでしょう。なるべく，出席しているヘルパーも主体的になれるような参加型のヘルパー会議が望ましいと思われます。

　また，企画段階では，だいたいの出席人数の把握も必要なことです。なるべく，多くのヘル

パーが参加できるような曜日，時間帯での開催が望ましいのです。ここでは，基本的には，直行直帰型のヘルパーの会議を想定しています。

会議の内容として，代表的なものを例としてあげておきます。
- ヘルパーの職業倫理に関すること
- 介護保険制度等，各種制度に関すること
- 疾病に関すること（感染症含む）
- 援助技術について（実技含む）
- 救命救急講習など（外部研修）

1対1，直行・直帰型で業務を行うヘルパーには，心のうちを話したい，聞いてほしいと言う想いがいっぱいのはず。仲間との出会い，話し込みは大きな慰めにもなります。ただ，やはり集うテーマは必要です。漠然とした業務の報告ばかりでは，結局愚痴や不満の蔓延する集いになりがちです。新たな活力を得られる会議にするためにも，明確なテーマが必要です。

② 会場

講義形式の会議であれば，会議室がいいでしょう。実技の会議であれば，必要物品（ベッドやポータブルトイレ等）が揃っているか，揃えることができる会場が望ましいでしょう。外部の会場を借りる場合には，事前の予約をしっかりし，部屋のレイアウト等を確認しておくといいでしょう。

また，出席人数も過度に多いとスムーズな進行の妨げとなる可能性もありますので，適度な人数配分になるような開催頻度の設定が必要になります。だいたい，一回あたりの出席者数は，20～30人くらいまでが開催しやすいでしょう。

③ 開催時間帯

出席しやすい時間帯の設定が望ましいのは言うまでもありません。ただし，あまりに早い時間帯や遅い時間帯も実際には困難だと思います。たとえば午前中は10～12時，午後なら14～16時などがよいでしょう。

昼間帯での開催が困難な場合には，夕方等の開催も有効な方法だと思われます。

④ 資料の準備

ヘルパー会議の資料については，事前に作成し必要部数を印刷しましょう。資料は，あまり枚数が多くならないように，また見やすいものを念頭に置きながら作成するように心がけましょう。

⑤ 事前打ち合わせ

司会役等の担当するサービス提供責任者は，事前にしっかりと会議の内容や流れを把握することは最低限必要なことです。会議で出席者に何を伝えたいのか，いかに伝えていくのか等をしっかり話し合い，かつ確認し合っておかなければなりません。ここでの打ち合わせの確認如何で会議の成否が決まってしまうといっても過言ではありません。

ヘルパー会議開催日の1日の流れ

① 会場の準備

会場の設営をします。基本的には，小集団で座れるような席の配置が望ましいでしょう。資料などは，配布しやすいように設置しましょう。

② 会議の開催

定刻になれば会議を開催します。時間は貴重なものですから，むやみな開催時刻の遅れ等はするべきではありません。ただし，出席人数を見て，少し遅らせた方が良いとの判断の時はこれに限りません。

③ 会場の撤収

会議の終了後は，外部の会場であれば，速やかに撤収し，忘れ物がないか等の確認を行ない，机や椅子を元の形に戻します。

④ 反省会

ヘルパー会議の開催後には，出席したサービス提供責任者が集まり，その日の反省を含めて短時間の会議を行なう方がよいでしょう。会議ごとにいろいろな課題が出てくるでしょうし，その反省点を次の会議に活かせるようにしないと意味がありません。

ヘルパー会議の進行

① 開催の挨拶

開催時刻の定刻になれば，司会者が開会の挨拶を行ないます。

「おはようございます（お疲れ様です）。定刻になりましたので，〇月のヘルパー会議を開催致します」など。

② 会議の主旨説明

会議の内容や主旨を説明します。この主旨説明をしっかりすることが大前提です。そうしないと参加者にしてみると，会議そのものの意味合いが薄れてしまいます。

③ 会議の進行

進行は，司会（サービス提供責任者）が時間配分を見ながら行ないますが，内容によっては必要に応じて時間調整を行ないます。できる限り，参加型の会議にするためにもグループワーク等を取り入れながら進行する方が良いでしょう。

④ ヘルパー交流会

ヘルパー交流会とは？

　実際には，どうしても定期訪問でヘルパー会議に出席できないホームヘルパーがたくさんいます。本来は，ヘルパー会議などでヘルパー仲間や職員と情報交換を行なってもらい，ホームヘルパーを側面からフォローしていくことになるのですが，なかなか出席できないホームヘルパーをフォローするために形式ばらずに行なう簡単な会議のようなものだと考えてもらえればいいかと思います。

　ヘルパー交流会の開催時間などは，ヘルパー会議とは異なり，時間も多めに取り，その中でホームヘルパーが自由参加できる形式が望ましいのです。テーマも即役立つスキルアップに人気があります。訪問業務の合間を選んで参加しやすい日時を確定しましょう。

内容例

　以下のようにスキルアップに関するものが人気が高いようです。

① オムツ交換
② ケリーパッドを利用した洗髪
③ 車椅子への移乗介助
④ 調理実習
　・塩分計を使用したりして，実際に体験
　・高齢者向けの食事（軟らかい食事や薄味）を作っ

てみる
⑤ 各種制度の説明

交流会を開催する際に，業務に係る書類の回収（1か月の日報的なもの，手当てに関する報告書など）を行なうようにすると，少しでも参加してもらいやすくなります。

⑤ ホームヘルパーに必要な研修

色々な研修
　ホームヘルパーにとって必要と思われる研修をまとめてみました。直接的・間接的に業務に係わるような研修を集めてみました。
　① 倫理研修
　ホームヘルパーにとって必要とされる職業倫理についての研修です。ヘルパー会議の一環で実施する。
- 守秘義務とヘルパーの倫理観
- 個人情報保護とチームケア
- ホームヘルパー綱領と自立支援，等

　② マナー研修
　高齢者への尊敬と尊厳を考慮した訪問になっているか？　自己を振り返る機会にもしたいものです。
- 言葉のちから
- 個性・おしゃれと仕事
- 正しいマナーで高感度アップ，等

　③ スキルアップ研修
　スキル（技術）を磨く実習を中心にした研修です。1年目は移乗について，2年目は排泄介助についてなど，定期的に行うことが必要であり，またホームヘルパーにも人気のある研修となっています。そのほか，福祉器具は日進月歩。新しい機器の紹介を兼ねて行うことも必要です。

　④ 資格獲得フォロー研修
　最も人気のあるのが介護福祉士受験対策講座です。ヘルパー2級取得時の復習になるだけでなく，新しい制度を学ぶ良い機会にもなります。例年，冬季に

受験が行われますので，晩夏から晩秋，4，5回行います。毎回参加すると受験仲間もできます。これも良い刺激となって，苦しい受験勉強に張りが出るようです。

⑤　その他

特別，講習・研修として，事例研究会や認知症にポイントを置いたもの，また，精神疾患カウンセリングについての基礎講座など，ヘルパーが学ぶべき研修は数多くあります。

外部講師・外部研修の頼み方

以下のような点に留意しましょう。また，公的機関に依頼する場合の依頼先とテーマの案を示します（表6-3）。

①　依頼書

組織代表者名で依頼書を出します。

②　企画書

希望年月日，時間，講義のテーマとねらい，参加者の人数，などを盛りこんで作成します。

③　組織案内（会社案内・規模等）

④　謝金（交通費も含む）

事前に主催者の考え（予算）を，きちんと伝えることが大切です。

⑤　紹介者がいる場合

紹介者にも適宜その経過をつたえましょう。

依頼時は，上記①②③を用意し，必ず訪問のアポイントをとり，持参して説明。その後詳細を詰めていきましょう。

第6章　チームのリーダーとしての実務

表 6-3　公的機関に研修を頼むなら

依頼先	依頼テーマ例
保健所	食中毒についての基礎研修 精神疾患とヘルパー活動 保健所の役割と訪問介護
消防署	普通救命講習 防火アドバイザー講習 AED 使用方法講習 緊急通報システムなど高齢者支援の実際
地域包括支援センター	ポピュレーションアプローチについて（介護予防一般高齢者施策） 地域包括支援センターの役割
地域歯科医師会	訪問歯科と口腔ケア 高齢者の口腔ケアについて
警察署	高齢者・認知症と警察の仕事 知っておきたいバイク事故のリスクと防止法
福祉機器メーカー	新しい福祉機器（リフトなど）の紹介 ボードを使った移乗方法 ADL と福祉機器　広がる楽しみのために
防災センター	地震体験 いざと言うときのヘルパーの心得
その他	配食弁当の工夫と成長 新しいオムツの実際 ヘルパーと医療 ターミナル期のヘルパー活動

ホームヘルパーの「集い」での
──司会・進行役の心得

　スキルアップを目指して，現場のヘルパーに集まってもらい，さまざまな研修や講習会，グループワークを企画運営するのも，サービス担当責任者の仕事のひとつです。

　せっかく集まってもらうのだからと，タイムスケジュールを組み，配布物を用意し，その日のテーマについて，準備万端，意気込んで開催したものの，思ったほど盛り上がらなかった，ヘルパーの心に響かなかった，そんな経験はありませんか？

　司会や進行役は，話し上手だけでは務まりません。ヘルパーの集まりは，一方通行の講演会ではないからです。主催者とヘルパーの双方向コミュニケーションだけでなく，ヘルパー同士の交流も「集い」を成功させる大きな鍵となります。そういう意味で，グループワークの時間を持つことは，とても良い方法です。テーマに沿って，グループの中で話し合いながら，グループとしての意見をまとめあげていく，いい話ばかりでなく，失敗した話，批判されたり，恥をかいたりすることも，結果，ヘルパーの実力アップとして生きてくるものなのです。そのための，ちょっとしたコツをまとめました。

① どのヘルパーからも意見が出るように心がける→おしゃべりなヘルパーのひとり舞台にならないように

② 話の方向が脱線したり，行き詰ったりしたときは軌道修正する→グループの話に耳を傾けましょう

③ ヘルパー間の人間関係が気まずくならないように，良好なムードの中で相互批判や提案ができるように補足や解釈をする→進行役はしゃべりすぎない，ヘルパーが引いてしまいます

④ 話の方向が暗くなったり，悲観的にならないように→グループ分けにも気を配りましょう

　聞き上手は，話し上手といいます。司会・進行役に当たったら，この名言を思い出しましょう。

第7章

サービス提供責任者Q＆A

　サービス提供責任者と，チームの一員である現場のホームヘルパーとは，どのような関係が望ましいのでしょうか？　サービス提供責任者は，チームを率いる監督兼コーチ役，全体の動きと見通しを極め，そして他機関との連絡や調整，チームのホームヘルパーを客観的に見て，必要なアドバイスと指導，と一人で何役もこなさなければなりません。

　一方で，サービス提供責任者としての必要条件は訪問介護員2級以上の資格があり，かつ3年以上の現場経験があればよいとされていて，現場歴の深いホームヘルパーと，やっとサービス提供責任者の資格をクリアした若いリーダーとの摩擦も生じます。

　この章は，Q＆A形式でまとめました。サービス提供責任者として心得なければならない法令の遵守はむろん，福祉従事者としての考え方，対応方法など，具体的なアドバイス形式になっています。そのまま，そっくりあてはまらなくても，アドバイスやヒントを参考にして，さまざまな業務上の困難な波を乗り越えてほしいと思います。

Q1 利用者に対し好き嫌いで接する ホームヘルパーへの対応

　Ａヘルパーは担当のＢさんがどうも苦手なようです。「Ｂさんには本当に困ります。奥さんに対して暴言も激しいし，口調も命令で，聞いていられません。気の毒になります。性格が悪いんですね。だから，私もＢさんとは，あまり口を利かないのです。怖いし，必要な事だけ，しゃべるようにしています」
　そう簡単にＢさんの好き嫌いを決めず，なぜ，そうなったのかも含めて，Ａヘルパーにもう少し，幅のある見方をして欲しいと思っています。どういう，アプローチで話をすれば，よいのでしょう。

A 受容すること

「そうですか，訪問するのがしんどいお宅ですよね。先週だったか，私が訪問したときも，Ａヘルパーが感じているようにとても，厳しい雰囲気で私も，一瞬どういっていいのか，言葉をなくしました。だから，あなたの言っていることは，よくわかります」Ａヘルパーの話をまず，受けとめることからはじめましょう。最初から善悪・正誤・好き嫌いを決め付けず，表に出さずに心を無にして，相手のありのままを受けとめる，そうすることで相手は自分の話を聞いてくれている，分かってくれていると向き合う心構えになってくれます。その上で，サービス提供責任者としての見方を話してみましょう。

　「いつも，そうなんでしょうか。時間とか曜日とかＢさんの機嫌の悪さと関係があるのでしょうか？」

　「奥さんはどう，思っておられるのかしら？　Ｂさんの態度の原因はご夫婦の問題なのかもしれないし……」

　ホームヘルパーに日頃感じていることを話してもらいましょう。その中で，感情だけで，活動するのではなく，訪問に目的と意味があることを再確認してもらいましょう。

第7章　サービス提供責任者Q＆A

Q2 モチベーションの維持に必要な対応

> Bヘルパーがいきいきと話してくれました。
> 「Cさん，どうやら週に一度の私だけが唯一の訪問者のようです。ですから，とても楽しみにしてくださっているようで，私も，安心して楽しい時間を過ごしてもらおうと声かけやら，世間話を一杯するようにしています」
> この気持を維持してもらうために，注意することはありますか。

A　支持していますか

応援・期待されていることを言葉で伝える。
「ありがとう……。独居のCさんが楽しい時間を過ごせるように，声かけや世間話をすることは，とても大事なことだと思います。あなたの訪問を楽しみにしてくださってうれしいことですね」

チームのリーダーであるサービス提供責任者がホームヘルパーにとって，協働者（パートナー）であり，味方であることを，そして行動（活動中の心遣い）に対して応援しているという意思を言葉で伝えることがとても大切です。

すこし，経験のあるホームヘルパーで，サービス提供責任者と人間関係もよくとれているホームヘルパーなら，もう一歩踏み込んで，チームのあり方を考えてもらう好機ととらえてもよいでしょう。

「話題は偏らないようにね，気候や行事，花々の話や食べ物，何か特定の話とか，当たり障りのないように。ご本人が聞いてほしい，話したいと思われても，あまり込み入ったお身内の話には，ホームヘルパーの意見や考えを言わない方がいいですね。もちろん，傾聴の姿勢は大切ですね」

Q3 交代の申し出への対応

　Cヘルパーがつくづく，嫌になるといった表情で「もう，掃除については私のやり方が気に入らないのか，いつも利用者にしかられているばかり。……利用者と相性も悪いのではないでしょうか，交代してもらったら，だめですか？」
　このような申し出があったとき交代が，一番よい方法でしょうか？　交代後の新しいホームヘルパーにも同じことが起こらないでしょうか？

A　くり返しの効用

「掃除について，ひとつひとつ叱られてばかりだったら大変でしょうね……」

　困っているホームヘルパーから話を聞きだす時，まず，ホームヘルパーの話した内容を言葉にして，繰り返します。そうすることで，ホームヘルパーの問題に向き合ってくれているという気持ちとともに，話すことでどこに問題や課題があるのか，利用者の問題，ホームヘルパーの受け止め方の問題など，さまざまな「解決への鍵」が明らかになってきます。

　サービス提供責任者は仕事を組み立て，目標を設定してヘルパーとともに，よりよい活動を作り上げていくために，チームのホームヘルパーひとりひとりの相談役にもならなければなりません。このホームヘルパーにとって，交代することが本当にいいのか，利用者にとっていいのか，単に好き嫌い，しんどい，つらい，腹立たしい，くやしいといった，感情面だけでとらえるべきかは，その後のチームのあり方や，チームの成長にも大きく関わる問題です。

　現場のホームヘルパーが自身の活動をサービス提供責任者に話すことで，一歩外から活動を振り返り，ポジティブな気持ちで活動に向き合えるきっかけになればよいでしょう。

Q4 落ち込んでいるホームヘルパーへの声かけ

　Dヘルパーが深刻になっています。「何事につけても，利用者の言うとおりにしているんです。ええ，ちゃんと聞いてからやります。でもね，今まで一度も利用者からの感謝の言葉が出てこない，一度もですよ。だから，なんだかしんどくて。週に一度たった1時間の仕事なんですが，辛くなります」
　何が一番Dヘルパーにとって辛いのでしょうか？　気持ちが落ちこむと，自分自身，心の整理ができなくなります。その手伝いをする気持ちで，話します。

A　明確化で整理

　「あなたは一生懸命活動している。利用者の希望に沿えるように，いろいろ工夫してサービスも行っているのに，利用者から評価されていないと思っていらっしゃるのね。『ありがとう』その一言さえあれば，気持ちも楽になるし，今までのさまざまな活動への苦労も報われるのに。そう，考えておられるのね」
　なんとなく，もやもやしている活動後の気持ちを，客観的に冷静に聞いてくれた，共感してもらえたという気持ちと，冷静に整理してくれたという，受けとめ方をしてもらうためには，話をゆっくり聞き，さまざまな心のもつれをほぐしていく必要があります。
　本来，介護保険という制度の中で行うホームヘルパーの活動は，お礼を求めるべき行為ではありません。ただ，1対1の現場の中で，制度を超えた心の交流を求めるのは，自然なことともいえるのです。
　今に至った利用者の生活歴，既往症の予後，環境の良し悪し，家族関係の問題など，援助を受けようとしている人はさまざまな問題を抱え，なかなか受容できずにいる事も，事実なのです。
　問題の核心がつかめていないために，悩みをより深刻にとらえる傾向があることも知っておきましょう。相談の内容に関するこまやかな意味，人や物事に対する相手の感情を解説，先取り，言語化して，相談者に伝える事も大切です。

Q5 ホームヘルパー間のいさかいへの対応

　Eヘルパーがもうひとりの担当Tヘルパーについて、「利用者から『あなたは頼めばやってくれるけど、Tさんは訪問してから仕事にかかるまで、10分もかかるの』など言われました」「もしかしたらTさんには自分の悪口を言っているかも、そう考えると嫌になります」と言ってきました。
　EヘルパーもTヘルパーもいつも良い仕事ぶりだと思っています。どうも、利用者に振り回されて、いつものテキパキした仕事ぶりが感じられません。どう対応すればいいでしょうか。

A　対話が基本

　お互いの対話が期待以上のものを生み出します。「そうね、一度、みんなで話し合いませんか？　利用者によい援助をしたいと思っているのは同じだし、どんなふうに援助すればいいのか、話し合いましょう」
　双方のホームヘルパーのどっちが正しいか、反省すべきなのかなど、白黒をつける話しの場でないことを、サービス提供責任者は、まず心得るべきでしょう。苦情を受け止めてくれたEヘルパーをねぎらい、Tヘルパーにも声をかけて率直に活動を振り返る機会を作りましょう。
　「いつも、訪問してくださってありがとう、お疲れ様です」小さな集まりの最初の言葉は、活動へのねぎらいと感謝からはじまります。その上で、自由な発言を傾聴しましょう。サービス提供責任者は、まず聞き上手であるべき。現場のホームヘルパーがチームの中で、個人として受けとめてもらっているという感覚を実感してもらうことが大切なのです。
　コミュニケーションの量が、チーム一人ひとりとの信頼関係の質（絆）を高めていくことをサービス提供責任者は忘れてはいけません。話すこと、時間を共有することを惜しんではいけません。仕事上、溜まったさまざまな感情は、その仕事を共有しているチーム内で受けとめてもらうのが一番なのです。

Q6 注意すると謝るが行動がともなわないホームヘルパーへの対応

介護福祉士の資格も持つAヘルパーは，現場では生き生きとしています。
利用者への声かけもうまいし，排泄介助などもピタリとつぼをおさえた援助で何も言う事はありません。
今後は，新たなサービス提供責任者になってもらいますます活躍してほしいと思うのですが，このAヘルパー，記録はむろん，自分の月報すら書き方がいいかげんです。これを注意すると「すみません」と素直に謝るのですが，翌月記録を見てがっかりします。

A プロセスを評価する

「現場でのAさんを，本当に信頼しています。他のホームヘルパーさんからも，Aさんの確かな介護技術は高い評価を受けていますよ」
相手が「頑張っている事を」理解し，評価する（ほめる）ことが一番です。
　このAヘルパーは，介護福祉士の受験にもパスしているということですから，地道に努力できる人柄と言うこともわかっています。ところが，日頃の事務手続きや記録などが苦手なようです。
　その原因はどこにあるのでしょうか。現場中心の無理なスケジュール，ゆとりや振り返りすらできない毎日に磨耗しているのかも知れません。期待していることと頼りにしていることとは少し違います。もちろん，Aさんの実力は現場で最も頼りにされる戦力ですが，同時にAさんのこれからや，まだ磨かれていないサービス提供責任者としての資質に期待していることを伝えましょう。
「今のあなたよりも，もう一歩ステップアップしたAさんを，期待している」
この気持ちを伝えましょう。
　相手の欠点を直そうとするのではなく，まず良さを受け入れ，その上で，次のステップに挑んでもらえるような，言葉かけができれば，サービス提供責任者としてよりよいアドバイスができたと言えるでしょう。

Q7 なんでも相談してくるホームヘルパーへの対応

　Bさんは，ホームヘルパーになって1年余り，仕事にも積極的で，今後もホームヘルパーを続けたいと思っています。でも，性格的なものか，よくサービス提供責任者あてにこまごまとした電話をかけてきます。
　たとえば「利用者の元気がなかった」「使用されているオムツはサイズが合ってないのでは？」「タオルを新しく購入してほしいと家族に伝えてほしい」など，大切なことなのですが，もう少し時間をかけて様子を見てほしいことや，チームで話を詰めてみたら……と思うことも多いのです。根気よく話を聞くものの，いい加減にして欲しいと，思ってしまいます。良い解決法はありませんか？

A　感情の裏側

　Bヘルパーがサービス提供責任者を頼って，何でも話すのは，信頼しているからです。まず，信頼に対して誠実に応える姿勢を持つことが大切です。現場での報告には「受容」「くり返し」「明確化」が大切です。

　特に，Bヘルパーが否定的な感情（悲しみ・怒り・辛い気持ち）を訴えた場合は適切に受けとめ，早期に自己処理できるように共感的にサポートすることが大切です。カンファレンスを開く前に，まず，訪問に同行してBヘルパーと共に援助を行い，時間と体験を共有することも良い方法です。そうする中で，Bヘルパーの抱える問題が経験と共に自信となっていくものか，サービス提供責任者が介入して家族や関係機関，チームの中で考えるべき課題かもわかります。

　裏づけもなく，「大丈夫，たいしたことないわ」という言葉は禁句です。経験則から先輩であるサービス提供責任者に一笑されると，経験のないヘルパーはすくんでしまいます。「私にも同じような悩みを持ったことがあったわ」失敗談が心を開かせるのは，最初は誰でも経験不足を共に認め，共に歩もうという姿勢を示すからでもあるのです。

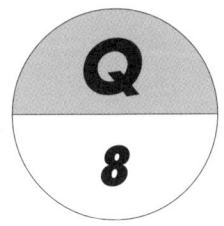

Q8 サービス提供責任者への反発①

1人の利用者に3人のホームヘルパーに入ってもらっています。そのうち2人からケア・カンファレンスをしてほしい，このごろADLが低下しているので，介助の方法を統一してほしいとのことでした。3人目のCヘルパーにそのことを伝えると「そうですかぁ，変わらないけど」と。
その言葉の奥にサービス提供責任者への反発を感じさせるものがありました。

A 自己開示

もちろんサービス提供責任者として，3か月に一度のペースで，モニタリングを行い，訪問介護計画書に変更はないか，過不足がないかなど検証することは大切な仕事です。

しかし，この質問の意図は，もっと感情的なものに根ざしているように思えます。サービス提供責任者はホームヘルパーにとって垣根の向こう，話しにくい，うっとおしい存在になってはいけません。カンファレンスでも率直にケースの把握が足りなかったことを認め，現場に耳を傾けることの大切さを反省するとともにチームのメンバーに語ることが大事でしょう。

また，サービス提供責任者自身が自分の経験則（失敗例・成功例・仕事上経験した思いなど）や物事のとらえ方，抱いている感情をチームの話すことをためらわない。心をオープンにすることが大切です。

ただし，話しすぎは禁物。話に夢中になって，話の主旨や目的，テーマがいつの間にかサービス提供責任者の自慢話に終わらないように。

現場はサービス提供責任者だけのものではなく，チーム全員のもの。謙虚さと現場の声を真摯に受け止める，心の大きさと一歩ではなく，半歩だけ進んだ見通しをチームの全員に伝える度量が必要です。

Q9 利用者と密着しすぎるホームヘルパーへの対応

週に1度の派遣なので、Dヘルパーの都合の悪いときは、時間の変更や曜日を前後して活動してもらっていました。ところが、そのうち、「代理ならいらない」「Dヘルパーさんでないとダメ」と利用者が言い始めました。
「私にだけしか、あの利用者は支えられない」そうDヘルパーが思い込むのも困りますし、いずれ派遣回数が多くなれば、いろいろなヘルパーにも慣れていただくことが大切と思うのですが……。

A なぜ？ を大切に

在宅での援助は利用者とホームヘルパーの1対1の世界です。当然、コミュニケーションが必要ですが、この対話にはソーシャル・リレーション（社会的役割関係）とパーソナル・リレーション（感情交流）の二つがあります。援助するホームヘルパーがこれを意識して意図的に互いに話し合える関係を作るのではなく、特に感情交流に重きを置き、ホームヘルパーが利用者に感情移入しすぎたり、また利用者がホームヘルパーを家族の代役に感じたりした場合、客観的に互いの関係を見られなくなる場合があります。

感情的にホームヘルパーに指導するのではなく、質問を通してホームヘルパー自身に自分の気持ちを分析し、気づいてもらう聞き取り方が必要です。「はい、いいえ」で答えられる閉じた質問（クローズド・クエスチョン）ではなく、自由に気持ちや考えを答えられる開いた質問（オープン・クエスチョン）で、「ホームヘルパーに気持ちをきいてもらった」と感じてもらうことが大切です。「なぜ、利用者はあなたがいいのかしら？」「どうして、利用者はそう、思うようになったのかしら？」「どうなるのが、いちばんいいと思う？」

ヘルパー自身が話す間に、専門職としての自覚と対人援助の難しさ、利用者との適度な距離のとりかたについて自問し、あるべき形をイメージできれば良いアドバイスができたと言えるでしょう。

Q10 サービス提供責任者への反発②

大勢のホームヘルパーが関わっている利用者で，派遣期間も長期にわたっています。
サービス提供責任者が一番新しいメンバーといえるほどです。訪問しても冷ややかで「あなた，何しに来たの？」という表情です。どうやら，経験も年齢も上のホームヘルパーが，独自の個性でホームヘルパー同士の連絡を取り合っており，サービス提供責任者は「蚊帳の外」で，自信をなくします。どのように関係を築いていけばよいのでしょうか。

A 時間を味方に

時間をかけて，利用者との信頼関係ができあがってきた場合，新しい仲間を受け入れるには，かなりの包容力と意図的なコミュニケーションが必要です。その「鍵」は経験が豊富なリーダー的なホームヘルパーでしょう。サービス提供責任者は，まず中心となっているホームヘルパーの援助を正しく評価して，感謝の気持ちを伝えることが第一です。確かにサービス提供責任者は，利用者へのサービスに責任を持ち，きちんと計画通りに支援が行われているかモニタリングする必要があります。が，これまでの経過や今後の見通しについても「鍵」となるヘルパーの意見を傾聴して，訪問介護計画に反映できるよう工夫しましょう。

「あなたの（ヘルパー）力が必要です」この気持ちを前提にして，
「何が変わればもっと，いいと思う？」
「他の人にも伝えることはあるかしら？」などと声かけしていきましょう。

現場のホームヘルパーと共に，「利用者のよりよい生活を目指して行きましょう」というメッセージを伝えることが，まず大切なことです。そして，時の経過を味方にしましょう。相談されたら小さなことでもすぐに対応する。そうした積み重ねを経て，チームの本当のサービス提供責任者として，チームのメンバーに受け入れられていくのではないでしょうか。

Q11 相談相手がいない

迷ったとき，困ったとき，どういう風に誰に相談すべきか，悩みます。もちろん上司はいます。でも，相談の答えは現場から見ると理想ばかりで，右往左往する現場のホームヘルパーには通じず，結局，サービス提供責任者ひとりで問題を抱え込んでいるのが，自分でも分かるのです。
自分の気持ちをどのように整理していくべきか，サービス提供責任者は，どうすればいいのでしょう。

A 仲間を信じて

悩みを聞いてくれる同僚がいますか？
上司からのアドバイスを「ライン・カウンセリング」ともいいます。組織のいわゆる「縦の関係」から話される事柄は，「よりよい，あるべき方法」であることも多く，「できればそうしたいけれど，現場向きではない」と，個別性を超えた理想も多くなります。しかし，揺るがない物指しでアドバイスをするのが「ライン・カウンセリング」だからこそ，サービス提供責任者が陥りやすい思い込みや介入しすぎにも振り返りの機会を与えてくれるアドバイスと言えます。

ここでのサービス提供責任者の悩みは，同じ目線で話し合える同僚を持っていない，あるいは同僚に出会っていないことから生まれているのでは？
「縦の関係」とともに「横の関係」も，同様に大切にしましょう。小さな事業所では，サービス提供責任者も少なく，もてあます課題も多いと思います。地域でのネットワークの大切さがここにあります。他の事業所のサービス提供責任者はライバルではなく共に成長していく仲間です。

互いに話し合う，教え合うことで「学びを確実」にしましょう。特に同僚との交流で，知識・技術・倫理（哲学），経験則など，相手に伝えて初めて自分に身に付き始めることを知りましょう。語ること，伝える事は自己の学習効果（資質や専門性）をあげる最も良い方法です。

第7章　サービス提供責任者Q&A

Q12 忙しすぎてあせってばかりで達成感がない

バタバタと毎日が過ぎていくのが実感できます。
　記録や必要な書類の整理，提供票やサービス担当者会議への出席など，現場と事務に追われ，ホームヘルパーにゆっくりと向き合えません。これではいけないと，あせるばかりです。
　毎朝，「今日も同じように疲れきる一日がはじまる」と，暗い気持ちになり，仕事そのものが嫌になってしまいます。どうすればよいのでしょう。

A　燃え尽き　燃え尽き症候群（バーンアウト）という言葉があります。「心的エネルギーが絶えず過度に要求された結果，極度の心身の疲労と感情の枯渇を主とする症候群であり，卑下，仕事嫌悪，関心や思いやりの喪失感をともなう状態のこと」と定義付けられています。

　私たちの仕事は，限界のなさ，正解のなさ，どうにもならないもどかしさと感情の疲れ，加えて勤務条件の厳しさなど，さまざまな矛盾に向き合いながらなんとか折り合いを付けて，バランスをとる毎日です。対策としては，仲間同士の話し合い，上司の声かけ，悩んだり困ったりしたときに受け入れてくれる指導体制が整っていることが一番良いのですが，なかなか理想どおりにいかないのが現実です。

　職場環境で，互いが互いを思いやる気持ち，相手を察する気持ちを持てるように雰囲気作りすることも大切，そして何よりも自分でみんなに「SOS」の信号を発信する勇気を持つ事が重要です。

　疲れた時，割り切れない感情に振り回された時，理不尽な思いで腹が立った時，思いを溜め込まないで，話せる仲間，聞いてくれる上司は待っていても現れません。失敗も喜びも共に話せる環境づくりの第一歩はあなたからはじめましょう。

Q13 サービス提供責任者としての自信がない

　どのように，自分を高めていけばよいか，経験の少ない私はいつも，びくびくしながら仕事をしています。「サービス提供責任者なのに何も知らない」そう，思われていないか，現場でのホームヘルパーの視線も気になります。
　私がサービス提供責任者になっていいのかしら？　自信のない思いで一杯です。
　仕事に対しても，なかなか前に出て行けず，サービス担当者会議で発言を求められても，煮え切らない意見だと自分でもなさけなくなります。

A　チームの役割分担

　サービス提供責任者は，チームの要ですが，経験・知識・技術などすべての面において，チームで一番である必要はありません。まず，気負いを取り除きましょう。在宅ではさまざまな業種のプロが利用者を支えています。ホームヘルパーもその一業種であり，ホームヘルパーのまとめ役がサービス提供責任者なのです。チームケアの原則と基本は次の7点といわれています。

① 対等で民主的なチームワーク運営で相互理解に努めること
② 情報が集中するキーパーソンがサービス提供責任者であること
③ 各関係者の役割と責任をチーム内で決め，互いに確認すること
④ 利用者について気になることはすぐにサービス提供責任者に伝えること
⑤ 計画的に援助を行い，定期的にチーム内で検討会をもつこと
⑥ 普段から自らの業務上の問題点（課題）を明らかにしておくこと
⑦ チームケアにおいて行われることは全て利用者の自己決定が前提

　役割の分担を意識し，現場と他事業所との情報中継点がサービス提供責任者といえるでしょう。チームの中では経験者が，経験の浅いチームメンバーを支え，指導するといったチームワークが大切。その役割を必ずしもサービス提供責任者が担わなければ，と言う決まりはありません。互いに補完しあい，互いに助け合う関係から，より絆の強いチームが生まれるのです。

第7章　サービス提供責任者Q＆A

Q14 チーム作りの極意とは

サービス提供責任者自身の資質って何でしょう？
チーム作りの極意を教えてください。信頼してもらえるサービス提供責任者になる，テクニックはあるのでしょうか。

A　5つのツボ

サービス提供責任者がなるべく処理した方がよい「感情」があります。

①劣等感，②罪障感，③恐怖，④自己嫌悪，⑤いらいらの5つです（国分康孝『カウンセラーのための6章』誠信書房，1991年より引用）。

これらのネガティブな「感情」はチームにとって禁物です。サービス提供責任者はできるだけ，前向きでポジティブな印象をチームのメンバーに感じてもらいましょう。そして，明るく，自分の失敗や欠点も話す自己開示的なほうがチームのメンバーもオープンな心になりやすいと言われます。

「～しなければならない」「～すべきでしょう」こういう追い込むような言い方はやめましょう。「～にこしたことはない」といった，表現を身に付けましょう。

「プラスマイナスゼロ思考」も大切なこと。サービス提供責任者であるあなたを困らせる人もいれば，助けてくれる人もいる。良いことも，悪いことも，同じように同じ場で生じます。小さなスパンで物事を判断するのではなく，少し長いスパンで物事を判断する良い意味での鷹揚さも必要です。

サービス提供責任者の仕事は人が人にかかわり，「生命（いのち）」「生活（くらし）」「プライバシー」に接する専門性のある仕事です。同時にながい利用者の生涯の最終章を担う大切な脇役。主役の利用者の自己決定を補佐するためにも，おしつけのない，無理のない援助の心を忘れないでいたいものです。

Q15 チームのホームヘルパーが誰も相談してくれない

「いつも，いそがしそうね」と言われます。
だからなのか，誰からも親身に相談を受けません。
言い寄りやすい関係作りが大事とは思っていますが，どうすれば，いいのでしょうか。ちょっと寂しく，落ち込みます。

A 相談TPO

サービス提供責任者は，メンバーのメンタル面にも気を配り，必要とあれば個別に面談して，心を軽くしてもらわねばなりません。そういう個別面談を行う上での留意点をまず，まとめました。

① ヘルパーが面談を望んでいるか？（話したいことがあるのか）
② 面談するTPO（時間帯・場所・機会）は適切か？
③ 環境は？ 安心して話せる場所か？ またサービス提供責任者がヘルパーの様子をゆっくり観察できる環境か？
④ 非言語情報（しぐさや態度）の観察から，隠れたメッセージはないか？
⑤ 転移・逆転移がおきていないか？（聞き手のサービス提供責任者が感情移入しすぎると対応のタイミングや適切な判断ができない）
⑥ 相談内容に決め付けや先入観はないか？
⑦ 否定的感情（辛い・しんどい・悲しい・悔しいなど）についてはできるだけ，吐露を促す（聞き上手に徹して，話させる）。
⑧ 組み立てと時間配分（最初は本人がリラックスできる話題からはじめて核心に入っていく）。人間の一般的な集中力は1時間以内と考える。

いつも多忙なサービス提供責任者の場合，仕事場の延長で面談するのは相手に，時間をせかさせるようで感心しません。きちんと向き合えるように，できるだけ事前に面接の時間と場所を確保すれば，中身の濃い話し合いができます。

第7章 サービス提供責任者Q&A

Q16 前のサービス提供責任者と比べられる

新しくサービス提供責任者になりました。
ところが「前のサービス提供責任者はよかったけど，今度の人はねぇ。まぁ，ヘルパーはサービス提供責任者を選べないからね」と担当のホームヘルパーが言っているとのうわさを耳にしました。
同じようにはできないけれど，悲しくなります。自信をなくします。どのように，指導すべきなのでしょうか。

A　ヘルパーの成熟度

法令によれば10人にひとりのサービス提供責任者が必要と言われています。「十人十色」とは，よく言ったものです。それぞれ，個性があり，年齢もさまざま，経験も違います。経験の浅いヘルパーへのアドバイスと，サービス提供責任者以上に経験豊富なホームヘルパーもメンバーにいる場合，状況に応じた対応は当然と言えます。一般に，下図のような関わり方が望ましいと言われています。

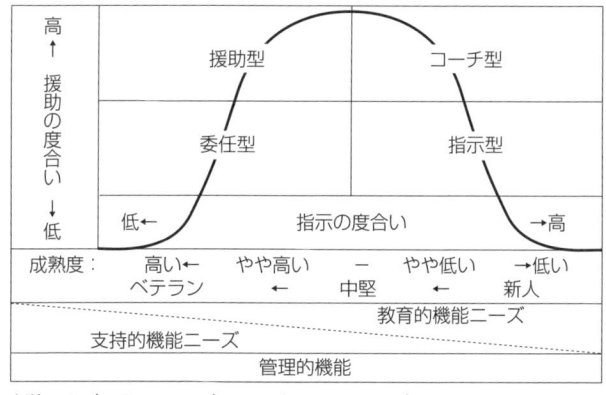

	左	右
高　援助の度合い	援助型	コーチ型
	委任型	指示型
低　指示の度合い	低←	→高
成熟度：	高い←　　やや高い ベテラン　　←	－　　やや低い　　→低い 中堅　　←　　新人
	支持的機能ニーズ	教育的機能ニーズ
	管理的機能	

出所：1977年，P. ハーシィとK. H. ブランチャードが提唱したリーダシップ理論（SL理論）を元にを筆者独自に作成。

Q17 ケアマネジャーと考え方が合わない

どうも，担当のケアマネジャーと考え方が合いません。
サービス提供責任者から見ると，家族の言いなりで，予定もコロコロ変わります。調整も大変なのですが，それがあなたの仕事でしょう！　と，言われてしまいます。
うまく付き合うコツは何でしょう。

A　基準とは

ホームヘルパーを束ねるサービス提供責任者は，介護保険でのヘルパー派遣の場合，ケアマネジャーを通じて派遣依頼を受け，利用者と契約を締結し，調整の上，定期的に訪問介護員（ホームヘルパー）を派遣します。その場合，ケアマネジャーよりはケアプラン，地域包括支援センターからは支援計画書を受けて，訪問介護計画書を作成し，毎月のサービス提供票の指示に従って，ホームヘルパーの調整を行わねばなりません。

とりあえず，沿ってみる，この姿勢はケアマネジャーだけでなく，関係機関のメンバーにも言えることでしょう。私たちの目的は，在宅の利用者の生活を支えることで，この目的は共通のはずです。サービス提供責任者のあなたと考え方が違っても目指すところは同じ。まずケアマネジャーに寄りそうことが必要でしょう。

話しにくい，考え方が合わない，そんな理由だけで連絡が疎遠になり，報告や相談が十分になされていないのではありませんか？　互いに分かり合えるためには，コミュニケーションこそが「鍵」。真意が読み取れなかったケアマネジャーの考え方にうなずけることもあるかもしれません。

第7章　サービス提供責任者Q＆A

Q18 チームのまとめかた

3名のチームを組む場合，どのような組み合わせがいいのでしょうか。
　利用者は要介護3の認定を受けており，週に3回，身体介護を含む1時間半の活動です。増加も見込まれるので3名のホームヘルパーを考えています。
　また，週に1度の予防介護の場合は，新人を選んでも良いのでしょうか？
　チームメンバーはその利用者をどのように援助していくか，大事な要素だと思っています。人選のコツや留意点を教えてください。

A　船頭多すぎて船進まず

　介護度が高い重介護の援助は，経験の深いベテランヘルパーでメンバーを固めたくなるものです。技術もあり，安心して任せられるからです。しかし，ベテランばかりだと互いに遠慮して，よりよいケアに対する提案や工夫が生まれにくいことがあります。チームにはひとり現場を引っ張れるホームヘルパーを配置して，経験の浅いホームヘルパーを実践で成長してもらうよう見守ってもらうのも良いチームの組み方です。

　一方，自立支援を促す予防介護の生活援助は，声かけや励ましで，大きく利用の自立への意欲が変わります。要介護度でホームヘルパーを選定するのではなく，そのホームヘルパーの持ち味，プロとしての技量を加味して，力が発揮できるように派遣できれば良いと思います。利用者の気持ちだけでなく，ホームヘルパー自身のモチベーションも上ることでしょう。

Q19 スーパービジョンについて知りたい

サービス提供責任者はスーパーバイズができなければ，と言われます。どうすればいいのですか？ 何をすれば，いいのでしょうか？

A 困ったときのサービス提供責任者

良い援助をチームで行っていくためには，チームのメンバーが仕事に①やりがいを持てること（動機付け）②ヘルパー自身が自分の弱点や長所を知ること（自己覚知）③それを踏まえてケアワーカーとしての自分を見直すこと（自己洞察）④そして自己成長すること（自己研鑽）以上の4点が重要になってきます。この一連の管理的・教育的・支持的機能をスーパービジョンと言います。

働きかけるサービス提供責任者をスーパーバイザー，受けるチームのメンバーやヘルパーをスーパーバイジーといい，福祉専門職の専門性を高める養成のためのひとつの方法と言われています。ここでは，難しい手法より，サービス提供責任者として，ホームヘルパーに向き合うとき，求められる資質と能力について，簡単にまとめました。

共感能力	単に専門的な業務知識があるだけでは，共感能力は身につきません。現場で業務を共有・協働する姿勢を大切にしましょう
受容能力	寛容な心で積極的に傾聴しましょう。コツとしては，聴き取るTPOに気を配ること。「受けとめてもらっている」と感じてもらいましょう
解釈能力	物事を多面的に見られる能力が必要です。経験も役に立ちます。物事の良し悪しは簡単に決められません，覚えておきましょう
評価能力	客観的に物事を見つめることです。特に集団内の規律や約束ごとに対しては，公正公平に。ここははっきりと言い切りましょう
指導能力	リーダーに求められるのは①仕事の力量と②人間力です。とりわけ人間力は，チームに大きな影響を与えます。公正であり，おもいやりがあり，信念・勇気があることが大切です

Q20 今後求められることは何か

チームケアの質の向上とはどういうことでしょう。
今後，サービス提供責任者に求められるのはどのようなことでしょう。

A　可能性の追求

① 介護保険サービスが必ずしも自立支援に結びつかない，この観点から今後は，リハビリ（要素）の重視がされるでしょう。「介護予防・リハビリテーションの充実」は国の施策の中でも重点課題です。サービス提供責任者は高齢者の尊厳を支えるケアの確立のため，その中心となってチームを率いるリーダーとして期待されています。

② 一方で要介護度の重度化のスピードが速くなっていると言われます。早期の把握や相談窓口の充実，本人や家族へのはたらきかけが必要となります。サービス提供責任者のモニタリング能力がいっそう，問われるでしょう。スキルアップに対しては，介護職員基礎研修等の導入が見込まれています（ヘルパー2級取得者への補講，介護福祉士の増員）。

③ 地域と密着したサービスが求められ，迅速でタイミングを逃さない援助が多面的に求められるでしょう。チームケアも多彩な職種で連携をとる時代がはじまります。また地域のインフォーマルな底力を活性させるために，サービス提供責任者は利用者の身近なアドバイザーとして，幅広い知識が求められます。

引用参考文献

『おはよう21』2006年5月号，中央法規出版，2006年。
平岡蕃・宮川数君・黒木保博・松本恵美子『対人援助』ミネルヴァ書房，1988年。
諏訪茂樹『対人援助とコミュニケーション』中央法規出版，2001年。
諏訪茂樹『コミュニケーション・トレーニング』日本経団連出版，2000年。
ジョン・M・デュセイ／新里里春・池見西次郎訳『エゴグラム』創元社，1987年。
『介護におけるコミュニケーションと介護技術（介護職員基礎研修テキスト4）』日本医療企画，2006年。
福島寛『エゴグラムで性格を知る本』宝島社，1994年。
大塩まゆみ・福富昌城・宮路博『ホームヘルパーのためのスーパービジョン』ミネルヴァ書房，2002年。
国分康孝『カウンセラーのための6章』誠信書房，1991年。

おわりに

▓ ホームヘルパーをとりまく状況

　日本の高齢者や障害児者への介護ニーズは，年々，多様化，高度化，肥大化してきていて，ホームヘルパーの仕事についてもより専門的なものを求められています。特に，昨今は要介護度の高い利用者，医療依存度の高い利用者，終末期介護の利用者，認知症高齢者等のニーズの広がりは急激であり，今までの経験蓄積や規定のプログラムによる学習だけでは間に合わなくなってきています。それらの介護に関わるホームヘルパーは，これからますます様々な知識や技術を求められ，日々の研鑽が重要になってくると思われます。

　最近では，在宅介護の現場では多くのスタッフが関わり，（たとえば，ホームヘルパー10名で1人の利用者に曜日ごと・時間単位に交替で関わったり，2人一組のペアで関わったりすることもある）全スタッフが情報共有，意思疎通を綿密にとらなければ，業務が完結できないケースなども多くなってきています。要するに，介護保険制度導入後，駆け足介護や細切れ介護，チームケアという言葉が象徴するように，介護現場のあり方やホームヘルパーの業務内容そのものも大きく様変わりし，訪問介護事業所・ホームヘルパーの労働環境も劇的に変化してきていると思われます。

　一方で，2000年以降介護保険によるホームヘルプサービスが広がりを見せる中で，事業所の利益優先等から福祉理念がやや遠ざけられ，ホームヘルパーの資質の育成・管理の課題，ホームヘルパーの離職と人材確保の問題がますます深刻化しています。日本はすでに超高齢社会に突入しており，在宅介護の質と量はまだまだ多くのものを求められることが明確なのにも関わらず，その在宅介護の分野で中核を担うホームヘルパーが，社会的なステータスと労働対価を得られるにはまだほど遠いと感じられる悲しい状況です。

要約すれば，ホームヘルパーの現場は，今「重介護のニーズが高まり，ホームヘルパーの重要性がますます切実になる」のに，「ヘルパー人材が定着せず，その資質も思うように高まっていない」という深刻な現実にあります。そんな状況について，私たち（京都福祉サービス協会）は，長らくホームヘルプ事業に携わって，ホームヘルパーの業務の社会的意義，そして存在そのものの尊さを身に沁みて感じており，ホームヘルパーの育成の取り組みを重視しながらも，労働環境の改善を切実に願っているものです。

サービス提供責任者の位置づけと役割

　現在，訪問介護事業の活性化のために重要視されているのがサービス提供責任者です。ある調査によると，サービス提供責任者の定着率・資質（熟練度）が高いほど，所属ヘルパーの業務に対する満足度は高く（やりがいがあり），離職率も少ないという結果があります。サービス提供責任者の本来あるべき業務をしっかりと機能させ，一個の職種として確立させ，資質の高いホームヘルパーを育成していくことが，今最も訪問介護事業所に求められているテーマであると認識しています。

　本書の読者対象の一つはサービス提供責任者ですが，その業務は「指定居宅サービス等の事業の人員，設備及び運営に関する基準」（平成18年3月31日　厚生労働省令第79号改正）の第28条第3項に下記のように位置づけられています。

【第28条3項】
　　サービス提供責任者は，第24条に規定する業務（訪問介護計画の作成）のほか，次の各号に掲げる業務を行うものとする。
　１．指定訪問介護の利用の申込みに係る調整をすること。
　２．利用者の状態の変化やサービスに関する意向を定期的に把握すること。
　３．サービス担当者会議への出席等により，居宅介護支援事業者等と連携を図ること。
　４．訪問介護員等に対し，具体的な援助目標及び援助内容を指示するとともに，利用者の状況についての情報を伝達すること。

5．訪問介護員等の業務の実施状況を把握すること。
6．訪問介護員等の能力や希望を踏まえた業務管理を実施すること。
7．訪問介護員等に対する研修，技術指導等を実施すること。
8．その他サービス内容の管理について必要な業務を実施すること。

　サービス提供責任者は，位置づけからみてもスーパーバイザーということがいえると思います。スーパーバイザーというのは，担当のホームヘルパーに対して教育的役割，支持的役割，管理的役割を果たしながら，一人前の専門家として育成していくのが主務となります。

　また，スーパーバイザーが行うスーパービジョンは，担当ヘルパー自身がもっている能力を最大限に発揮できるように導くことであることはもちろん，①ヘルパーにやりがいをもたせる（動機づけ），②自分自身に気づかせる（自己覚知），③専門家としての自分を見直す（自己洞察），④ヘルパー自身の自己成長を促す（自己研鑽）ことにあるととらえられます。

　さらに，サービス提供責任者が現場においてスーパービジョンとして行う役割を具体的に分類すると，大まかに表終-1のように示すことができると思います。

　以上は，個別ヘルパーに関するスーパービジョンになりますが，ヘルパーを育成する教育効果そのものは小集団（チーム編成，グループ編成）を対象にしたものであれば，さらに相乗効果が期待できることがあります。それが，本書であげた研修や学習プログラム形式の指導方法であると考えます。

ヘルパー育成の重要性

　本書は，日々活動している現役のホームヘルパー，特に中堅ヘルパーの資質向上・専門性の育成の一助になればとの思いから，訪問介護事業所の中核的職種であるサービス提供責任者の業務指針として活用できる書籍を作成することを主旨として，京都福祉サービス協会内で組織したプロジェクトチームの編集作業を経て作成されたものです。京都福祉サービス協会では，組織創設時からヘルパー会議や現任ヘルパー研修などのヘルパー育成の取り組みを重視して，

表終-1　サービス提供責任者の役割

教育的役割	指導と助言	・自らの経験則などの伝達，適切な方法の指摘と指示を行う ・業務内容に関する意味付け（解釈）を行い，業務に見通しを持たせる
	業務の評価	・業務の進捗状況・段階（熟練度など）などを客観的に示す ・ホームヘルパー側の自己覚知を進め，新たな課題を自覚させる
支持的役割	精神的支援	・ホームヘルパーの業務意識を把握し，意欲（モチベーション）・能力を引出し生かす ・援助困難ケースに対する担当ホームヘルパーのストレスマネジメントを促す
	受容と共感	・ホームヘルパーの立場・状況を理解し良き相談役（アクティブ・リスナー）になる ・業務上で微妙に変化するホームヘルパーの思考や抱える感情を共有する
管理的役割	労務管理	・担当ケース割当ての際，ホームヘルパーと利用者のマッチング（適材適所）を行う ・ホームヘルパーの業務内容の実態，勤怠などを把握し，必要に応じ指導する ・健康管理や労働環境の整備や改善などを行う
	業務管理	・職業倫理の自覚，法令遵守，事業所の諸規則の遵守について管理・指導する ・利用者の個別性を尊重して，業務上の工夫を行っているか把握する ・チーム内での業務バランス・役割責任分担の調整・管理を行う

こつこつと経験を積み重ねてきました。その中でも，何度も繰り返し扱っているテーマを中心に研修教材としてピックアップし，その進め方，まとめ方にふれることにしました。

　本書を完成させ，全体をふりかえると，その内容の多くが専門職としての「自己覚知」に焦点をあてることになっていることに気づきました。専門職に重要なことは，「自分を絶えず見つめ直して徹底的に己を知り，己のあり様を追求すること。そして，相手の成長へはたらきかけながら，相手を鏡として自己成長をめざさねばならない」ということです。

　仮に，メンバーの一人のホームヘルパーが成長したとします。成長はある種の喜びですから，喜べる状態はモチベーション（やりがい）につながると考えていいと思います。それが個人のものから，チームのものへと広がり，やがて組織の質（組織の価値の向上）へと反映される。そういうイメージでヘルパー

おわりに

育成をとらえるべきだと考えています。

　私は訪問介護事業の経営者が，ホームヘルパーへの教育投資を積極的に考え，事業所方針として，研修・会議等の必要経費及び必要時間として認識し，もっと多くのコストと時間をかけるべきだと思います（当然，国に対してもそのための原資確保を切実に要望していますが）。ホームヘルパー一人ひとりへの関わりを大切にし，専門職としての成長を喜ぶというような状態になってほしいと切に望んでいます。

　ホームヘルパーという仕事は，利用者の人権を守り，ホームヘルパーの人間としての器を大きくしてくれる尊い仕事です。育ったホームヘルパーが，また他の仲間のヘルパーを育てる。その際限のないサイクル（職場文化）をつくれた時，質の高い事業所ができていくのではないかと考えています。ちなみに，vi頁の「互学共育（本法人の人事理念）のための7か条」は，私たち組織のホームヘルパー育成の根幹となるもので，この本の礎になっているものです。参考までに紹介しておきます。

　さいごに，本書の作成にあたり，本法人のサービス提供責任者（在宅相談員，ケアリーダー）全員にアンケートを実施しました。多くの人からヘルパー育成に関する日頃の悩みや問題点を率直に答えてもらい，特に7章の「Q＆A」に生かすことができました。多忙にも関わらず協力してくれて感謝します。これからも変わらず，同じ組織の同志として，よりよい仕事をしていきましょう。また，いつもながら出版プロジェクト（編集委員会）の原稿の仕上がりについて根気強く待っていただき，励ましていただいたミネルヴァ書房編集部北坂恭子氏には感謝の気持ちで一杯です。本当にありがとうございました。

　本書が，全国のホームヘルパーの所属する事業所で少しでも事業運営，ヘルパー育成のヒントになってくれれば幸いです。

2007年10月

社会福祉法人京都福祉サービス協会

編集委員会を代表して　宮路　博

編集委員会メンバー（50音順）

編集責任者　　　　　　　宮路　博

編集委員・執筆者　　　　川内　直美　　　永田　昭宏
　　　　　　　　　　　　竹内　加代子　　沼田　康史
　　　　　　　　　　　　寺谷　雅美　　　村尾　直樹

編者紹介

ⓕ社会福祉法人　京都福祉サービス協会
　　　しゃかいふくしほうじん　　きょうとふくし　　　　　　　きょうかい

　1986（昭和61）年に「京都ホームヘルプサービス協議会」として発足し、1993（平成5）年には、増加する様々な福祉ニーズに応えるため、京都市の出資を得て社会福祉法人の認可を受け「京都福祉サービス協会」に改組。以来、「くらしに笑顔と安心を！」を運営理念として事業拡充を図ってきている。訪問介護事業については、ホームヘルパー約2400名、サービス提供責任者約300名を抱え利用者6600件（1か月あたり件数）を超える実績がある。

　法人として実施している事業内容（2007年度現在）
（1）介護保険事業（①居宅介護支援事業、②訪問介護事業、③短期入所事業、④通所介護事業、⑤介護老人福祉施設）
（2）受託事業（①障害児者ホームヘルプサービス事業、②高齢者すこやか生活支援事業、③難病患者等ホームヘルプサービス事業、④地域包括支援センター運営、⑤児童館運営、⑥放課後児童健全育成事業、⑦軽費老人ホーム（ケアハウス）運営、⑧京都市要介護認定・要支援認定調査事務事業）
（3）自主事業（ホームヘルパー2級課程養成研修事業）

```
法人本部　所在地
　〒600-8127　　京都市下京区西木屋町通上ノ口上る梅湊町
　　　　　　　　83番地の1　ひと・まち交流館　京都　4階
　電話番号（075）354-8745／FAX番号（075）354-8746
　ホームページ　http://kyoto-fukushi.org/
```

チーム力を高めるホームヘルパー育成ハンドブック

2008年2月1日　初版第1刷発行　　　　検印省略

定価はカバーに表示しています

編　者	京都福祉サービス協会編集委員会
発行者	杉　田　啓　三
印刷者	田　中　雅　博

発行所　株式会社　ミネルヴァ書房

607-8494　京都市山科区日ノ岡堤谷町1
電話代表　075-581-5191
振替口座　01020-0-8076

ⓒ京都福祉サービス協会編集委員会, 2008
創栄図書印刷・藤沢製本

ISBN978-4-623-05090-1
Printed in Japan

ホームヘルパー活動事例集

京都福祉サービス協会編集委員会 編

Ｂ５判美装カバー204頁　定価2625円

●具体例で学ぶ対人援助　様々な事例に整理・編集を加え，在宅福祉における対人援助の基礎を学ぶ。

ケアマネジャー業務事例集

京都福祉サービス協会編集委員会 編

Ｂ５判美装カバー208頁　定価2625円

●具体例で学ぶ居宅支援　給付管理等の事務と本来業務である利用者との直接の相談援助のバランスのとりかたを，20事例を通してみる。

ホームヘルパーひやりはっと事例集

京都福祉サービス協会編集委員会 編

Ｂ５判美装カバー188頁　定価2310円

●具体例で学ぶリスクマネジメント　ホームヘルパーが仕事の上で「ひやり」「はっと」したことの事例58を紹介する。

― ミネルヴァ書房 ―
http://www.minervashobo.co.jp/